蒼いお尻のぼくときみ。

礒貝日月

本書の出版を心待ちにしていた父
二〇〇七年八月五日、新たなる旅に出発した礒貝 浩に本書を捧ぐ

民族誌を越えた民族誌

石毛直道

日本人の九九・五パーセントは、お尻、あるいは背中に青色の痣《あざ》をもって、生まれてくる。この痣《あざ》は、モンゴロイド人種に特徴的なので、蒙古斑《もうこはん》という。イヌイットの祖先は、石器時代にアジアから移住した人びとなので、現在でも赤ん坊は蒼いお尻をしている。本書に登場するイヌイットの人びとと日本人の著者は、蒼いお尻をした仲間なのである。

もっとも、成長にしたがい蒙古斑《もうこはん》は退色して成人には残らないので、現実には「ぼくときみ」が蒼いお尻をしているはずはない。精神的には大人になりきっていない若者たちの比喩として、「蒼いお尻」というタイトルがつけられたのであろう。すれっからしの大人には失われた、みずみずしい感性が、蒼いお尻の若者の特権である。

この本を読んでいて、わたしは東アフリカの奥地の村ですごした、自分の蒼いお尻の頃を想いだした。そのとき、わたしは「居候方式」とでもいうやり方で、民族学の調査をおこなっていた。知り合った村人の家に転がりこんで、居候をしながらフィールド・ワークをしたのである。部屋代を払って滞在する下宿人は、好き勝手な生活をすることが可能である。部屋代や食費を支払うことなく、寄生してくらす居候の仁義としては、家族と一緒に食事をし、仕事も手伝はなくてはならない。そんな境遇に自分を追い込むことによって、徹底的に生活を共にすることができ、さまざまな物事がみえるだろう、と考えたのだ。

わたしの調査にとって、居候方式は成功であった。いっぽう、生活を共にすることによっておこる、さまざまな人間関係の葛藤に巻き込まれた。家主の夫婦喧嘩の仲裁をしたり、隣人の悪口を聞かされたりしたのである。そのような事柄は、調査とは別件であるとして、わたしはフィールド・ノートには記入せずに、個人的な日記帳に記すのであった。

そして、フィールド・ノートをもとにして、わたしは民族誌を作成した。民族誌とは、対象とする民族の文化や生活を体系的に記述したものである。それは客観的に記述されなくてはならないとされる。わたしが日記帳に書いた、人間関係のいざこざは、記述するわたしの主観が作用することなので、資料としてあつかわなかったのである。

この本に刺激されて、古い日記帳を開いてみた。そこには、さまざまな断片的なエピソードが記されていた。残念ながら、調査時から四〇年経過し、感性のすり切れた現在のわたしには、それをまとめる能力はない。お尻の蒼いときにしか書けない作品というものがある。それが、この本である。

著者の身辺の人びとの、くらしやこころの動きを、著者の感性を通じて紹介したのが本書である。自分が巻き込まれた人間関係の記述にあたって、著者の主観を完全に排除することはできない。それでいて、現代のイヌイットの若者像を描いた第一級の民族誌的著述になっている。それは、従来の型にはまった研究者むけの民族誌の書き方では、伝えることができなかった事柄である。異なる民族とくらしを共にして、自分はどう感じたのか。そのような主観をまじえた、生き生きとした表現のほうが、型通りの民族誌的記述よりも、真実にせまることができることを実証しているのが、この作品である。

とかく民族学者は、それぞれの民族の伝統的文化の情報伝達にこだわる癖がある。そのために、イヌイットといえば、氷の住居と犬橇《そり》というイメージがつくられてしまった。著者が居候した家は、テレビ、冷蔵庫、電子レンジをそなえ、スノーモービルもある。この現代のイヌイットの生活や、少数民族としての立場を、文学的とでもいえる、細やかで、たしかな描写力で読ませてくれるのが、この本である。

巻末の注を、ぜひとも読んでいただきたい。それは本書の背景となる、イヌイットの民族の歴史や現状に関する客観的情報を提供するものである。

これからの著者の成長が楽しみである。すれっからしの大人にはならないように。

二〇〇七年八月

（国立民族学博物館名誉教授）

もくじ

民族誌を越えた民族誌　石毛直道　3

表紙・カバー・帯デザイン　浅葉克己
写真　礒貝浩・礒貝日月／写真DTPアート処理　礒貝浩

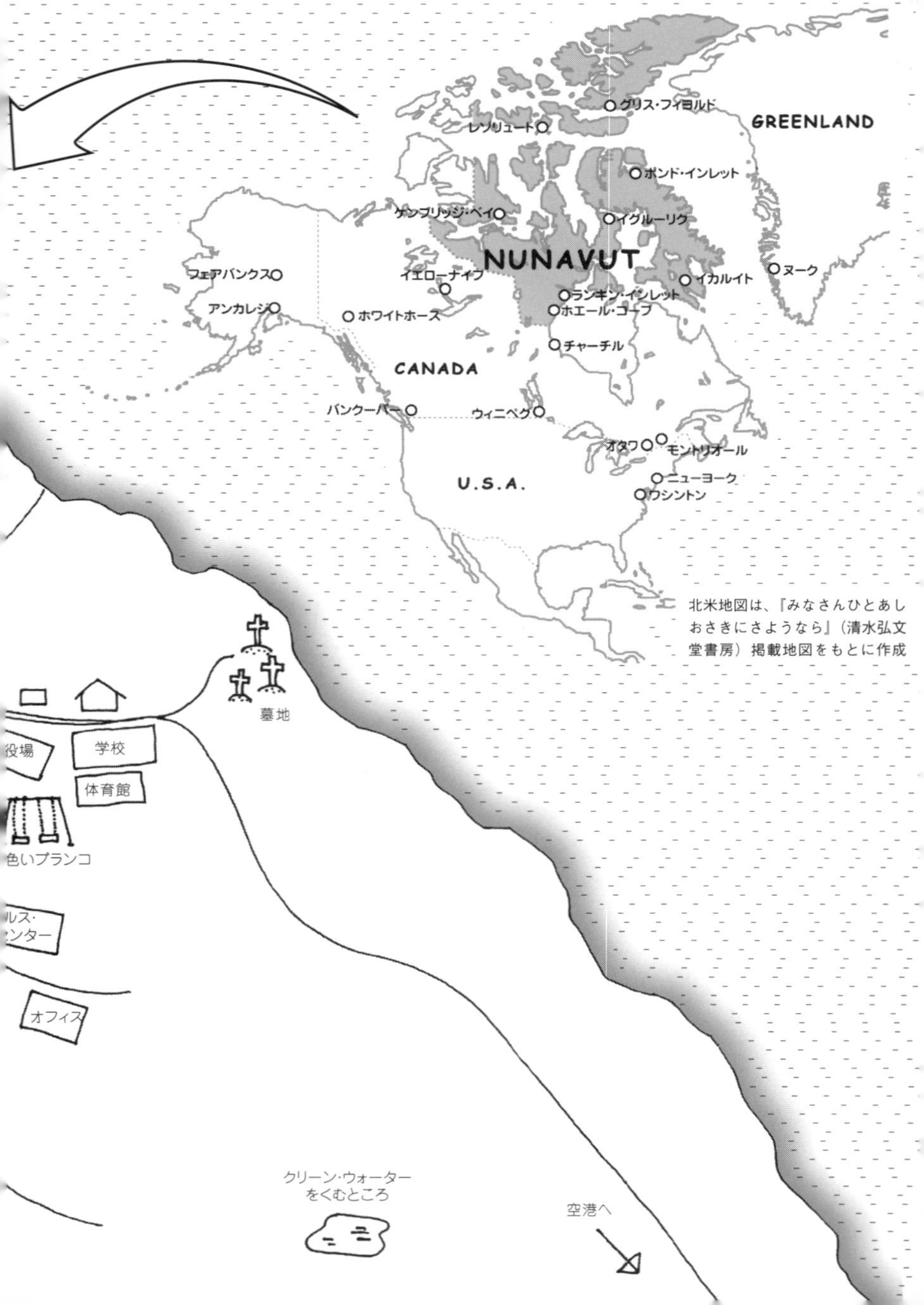

北米地図は、『みなさんひとあしおさきにさようなら』（清水弘文堂書房）掲載地図をもとに作成

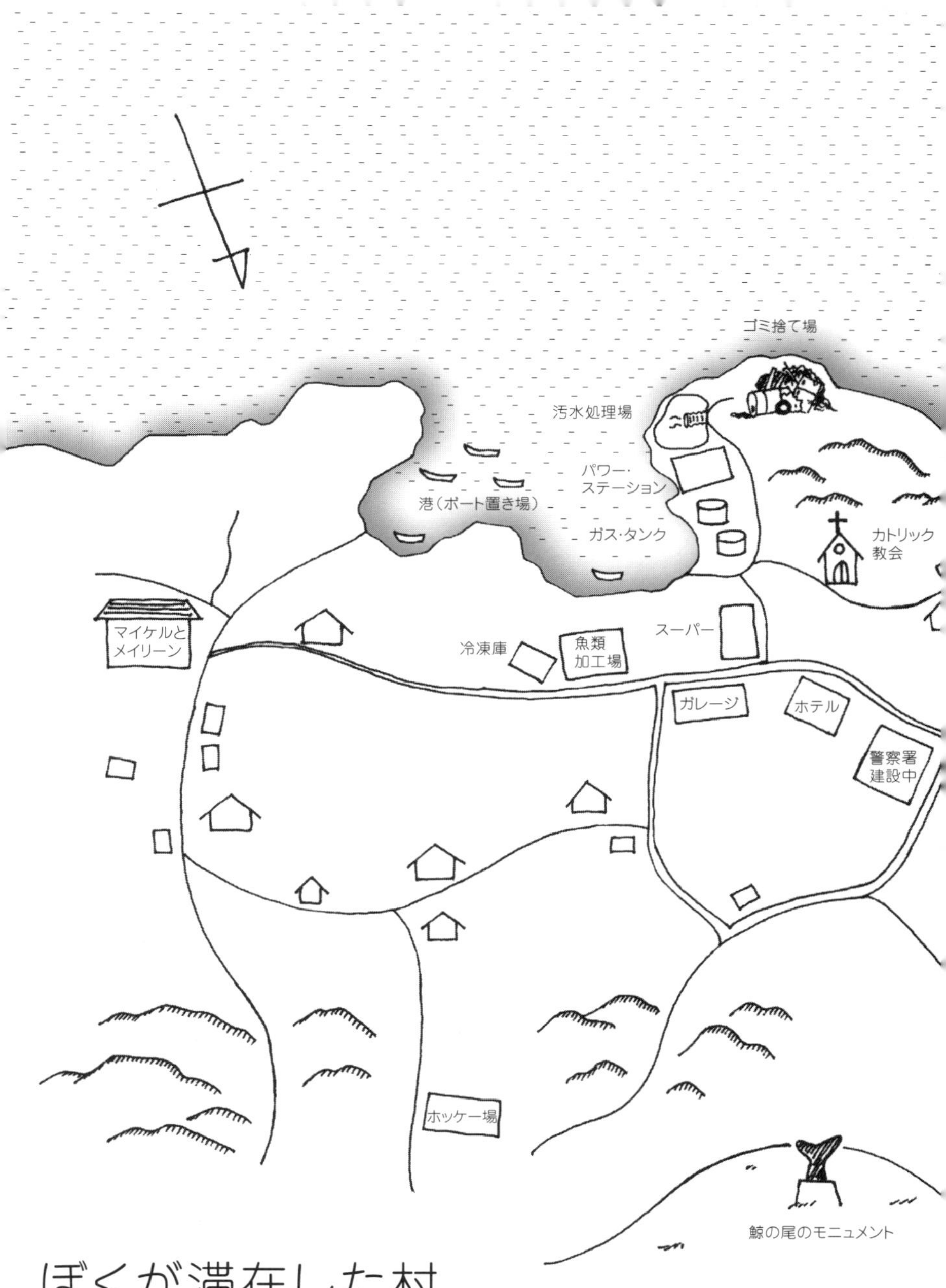
ゴミ捨て場
汚水処理場
パワー・
ステーション
港（ボート置き場）
ガス・タンク
カトリック
教会
マイケルと
メイリーン
冷凍庫
魚類
加工場
スーパー
ガレージ
ホテル
警察署
建設中
ホッケー場
鯨の尾のモニュメント

ぼくが滞在した村

「おいらたち兄弟はマイノリティーのなかのマイノリティーなの……ニガー・エスキモーなんだ」

ジョンはそう言うと、窓のほうをみて、壁際にゲロを吐いた。

おもな登場人物

マイケル　家主。夫。三十六（四十二）歳。大きめの眼鏡と飛びでたお腹。人をおちょくるのが好きだが、目は笑わない。

メイリーン　妻。三十四（四十）歳。アフロ・ヘアにサングラス。肝っ玉母さんであり、夫より強い。おしゃべり。

ミクピ　長男。十八（二十四）歳。肌が黒いのは、母似。屈託なく笑う。勉強が嫌いらしく、学校をよくサボる。

イザーミン　次男。五（十一）歳。養子。メイリーンの姉の子。前歯が二本抜けている。名前はホッケー選手から。

ジェーン　長女。十五（二十一）歳。ミクピとそっくり。短髪。動くのが嫌いで、すこしふとり気味。恥ずかしがり屋。

ピグルク　次女。三（九）歳。肌は白く、お父さん似。まだうまく話せないが、イヌクティトゥト語（注1）はよく話す。

ジョン　従兄。十九（二十五）歳。メイリーンの姉の子。ホッケーが好きで、体はたくましい。目がいつも充血している。

ドルトル　従弟。十七（二十三）歳。メイリーンの姉の子。体も大きいが、心も優しい。カーリー・ヘアに赤いバンダナ。

ピピー　ペット。年齢不詳。クロとシロの斑《まだら》の雑種犬。やせ細った体。悲しい目でぼくをみつめる。

（それぞれの年齢は、はじめて会ったときのもの。カッコ内の年齢は二〇〇七年現在）

日本人とガイジン・ストリップ

プロローグI　東京・赤坂

この話は東京の赤坂からはじまるが、日本の、東京の、赤坂が舞台ではない。カナダの、極北の、ヌナブト準州の、とある小さなイヌイットの村が舞台である。

「イラーッシャーイマセ！」

赤坂の町。ひときわ金色に光り輝き、しかし、隠微な光を放つ入口。ふたりの東南アジア系ボーイのたどたどしい日本語でぼくらは迎えられた。ぼくらは鏡に囲まれた金色の階段をおりていった。

「こんな場所、はじめてだよ。緊張するな」

ぼくの高校時代からの友人であるイチローはそう言いながらも、ニコニコしながら、隣を通りかかる金髪美女の胸元をみていた。金髪美女はぼくにだか、イチローにだかわからないが、微笑みながら、ウインクをした。

階段をおりると、赤絨毯が敷かれている十五メートルほどの通路があり、その通路からさらにくだりの階段がある。階段の奥には、暗い未知の世界が広がっている。受付には眼鏡をかけた若い日本人の女がいる。いらっしゃいませ、お荷物おあずかりいたします、そう言われたぼくらは、それぞれがもっていた荷物をあずけた。ぼくらは一番奥のストリップ台の隣の席に案内された。

「シャチョウサン、イラッシャイ。ヒサシブリ」

肌の黒い長身の男が、ぼくらをこの場所に連れてきてくれた、背の低い白髪の丁髷《ちょんまげ》の熟年男にそう言い、彼を軽々と抱えあげた。

「タノシンデイッテネ」

肌の黒い男はぼくにそう言い、イチローではなく、ぼくにウインクした。

ぼくらはこの店に四人で来ていた。ぼく、イチロー、〝シャチョウサン〟と呼ばれた丁髷《ちょんまげ》の熟年男、そして、福岡から上京してきている赤い縁の眼鏡をかけた中年の男、の四人だ。ぼくらのテーブルには五人の女が来た。水色のワンピースを着た色っぽい金髪の女が、ぼくの隣に座った。

「はじめまして。ミーです。名前は？」

「ヒヅキ」

「なにしている人？」

「大学生」

「あら、若いわね。若いお客さん、うれしいわ」

ぼくとミーは日本語と英語を交えながら、こんな会話をかわしていた。ぼくの正面に座っていたイチローは沖縄出身の女を膝の上にのせる。頬が緩み、笑みが零《こぼ》れる。赤い縁の眼鏡をかけた男は、彫りの深い顔の女の耳を触っていた。丁髷《ちょんまげ》の男は、メキシコから来た女とスペイン語で話しながら、グラスに入ったビールを飲んでいた。

「ミーさんはどこから来たの？」

「ルーマニアよ」

ミーはそう言いながら、ぼくの膝に手をおいた。そして、太腿に白くてきれいな足をのっけた。

「ねえ、こういうとこ、はじめて？」

「はじめてだよ」

ぼくがそう言うと、ミーは、緊張してるでしょ、うふふ、かわいい、と言いながら、ぼくの頬を赤いマニキュアがこびりついた爪でなぞった。イチローの顔のまえには、いつのまにか女のきれいな乳房がふたつあった。ミーはそれをみながら、あなたもああいうことしたいでしょ、とぼくの耳元で囁《ささや》きながら、指先でぼくの上唇を触った。

「別に。話してるだけで楽しいよ」

ぼくは気恥ずかしさもあって、そう彼女に言った。

「ねえ、わたしじゃイヤ？　ほかの女の子にかわろうか」

「そんなことないよ。本当に話してるだけでいいんだ。いろんなことを話そうよ」

　ぼくはミーにそう言いながら、彼女の冷たい手を握り、微笑んだ。イチローの顔のまえにはティーバックの女の尻があった。女の尻が、イチローの眼鏡にちょっと触れた。赤い縁の眼鏡をかけた中年の男は千円札を口に挟み、女の胸の谷間に顔を押しこんでいた。女は彫りの深い女から金髪の鼻の高い女にかわっていた。鼻の高い女は胸の谷間で彼の口から千円札を取り、ポケットにしまった。丁髷《ちょんまげ》の熟年男は日本語も英語もわからないチェコ人の女とドイツ語で冗談を言いあいながら、三杯目のビールを飲んでいた。

「日本人ってどう？」

「みんなすごく優しいわよ。とても、親切だし……スケベだけどね」

　ミーは机の上においてあったピーナッツを食べながら、そう言った。ミーの血管がすこし浮きでた右太腿はまだぼくの左足の太腿の上にある。ねえ、ひとつ聞いてもいい、ミーがぼくにそう言ったので、ぼくは、いいよ、と答えた。

「あなたたっていつもそういう目をしてるの？」

「そういう目って、どういう意味？」

「冷たい目。あなたの目は全然笑ってないの。わたしが今までみてきた日本人の目とはちがうの。こういう場所に来る日本人はそういう目はしないわ。普段は知らないけど、すくなくともここでは

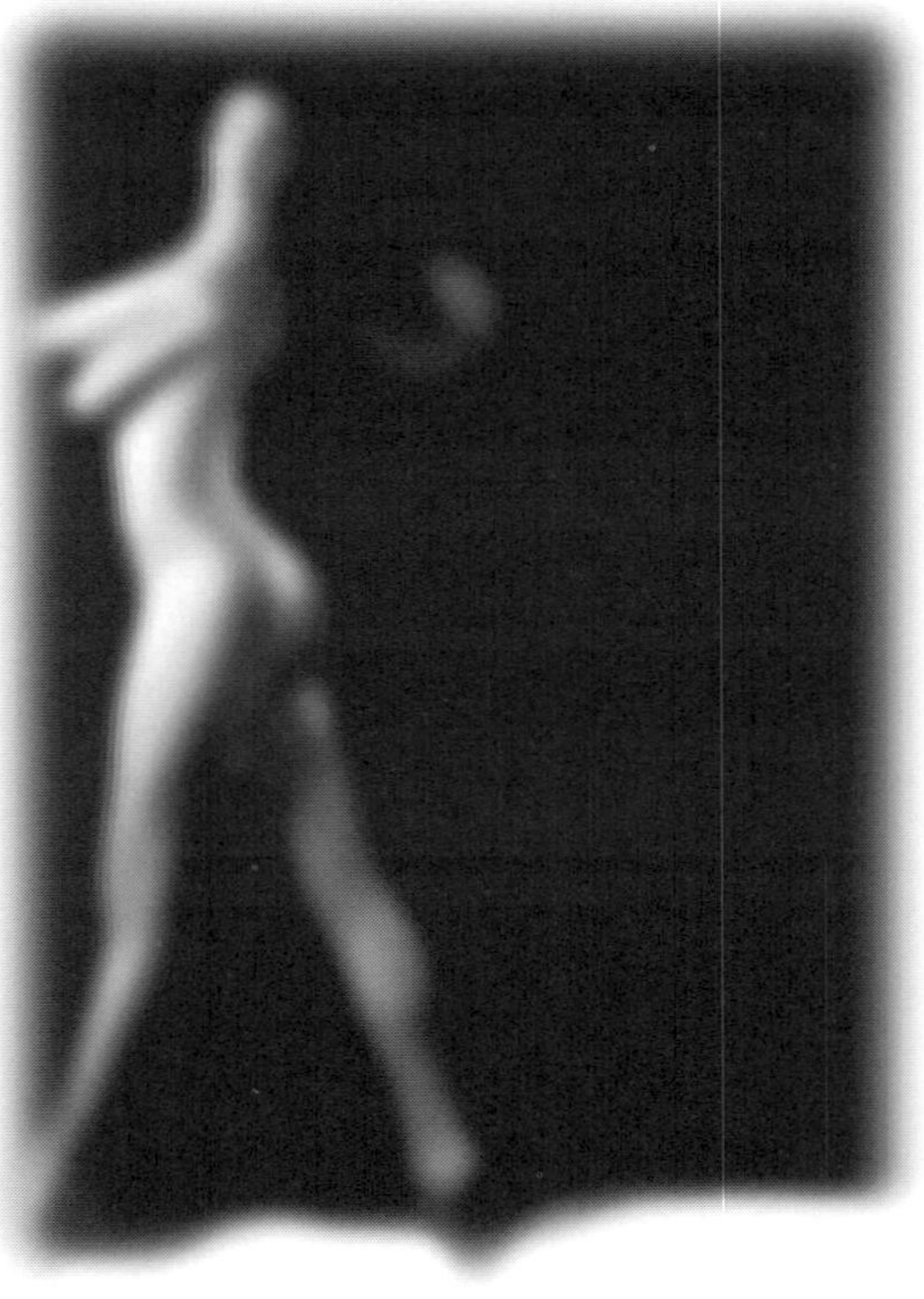

ね」

「そんなことないよ。ちゃんと笑ってるよ」

ぼくはそう言い、目尻に皺《しわ》を寄せ、笑った。

「嘘。全然笑ってない。あなたの内面が冷たいとか、そういうことじゃないの。不思議よね、どんな話してても、おれには関係ないって目してる」

――もし、そうだとしたら、知らない世界の内側に入りこんで、その片隅でひっそりと、ことのなりゆきを観察するのが好きだから、そんな目になるのかも。

と答えようと思ったが、実際には、ぼくはなにも言わず、半分ほどのこったグラスのビールを飲み干した。イチローは携帯をだしながら、沖縄出身の女とメール・アドレスを交換していた。赤い縁の眼鏡の男は鼻の高い女の耳元でコソコソとなにか言っている。あ、そろそろわたしの番だ、ミーはそう言うと、ストリップ台のほうへ向かった。ストリップ台は赤い妖艶な光で照らされている。

ミーは台の上にある金色の金属棒に纏《まと》わりつきながら、水色のワンピースを脱いで、下着姿になる。純白のブラジャーを取りながら、ぼくに手招きをする。ぼくは口に千円札を咥《くわ》え、彼女の胸元に顔を埋めた。彼女は耳元で、やっぱりかわらない、あなたの目、と囁《ささや》きながら、両手で小ぶりのオッパイを中央に寄せ、ぼくの口から千円札を取った。彼女の胸はココナッツの甘い香りがした。

「ありがとうございました」

入口では、ネパール人のボーイが慣れた口調でそう言った。赤い縁の眼鏡をかけた男は、ぼくらに、また福岡で会おうや、と言うと、鼻の高い西洋人と赤坂の夜の巷《ちまた》へと消えていった。イチローは携帯の画面に夢中になり、歩きながらメールを打っている。丁髷《ちょんまげ》の熟年男は電灯に照らされた横断歩道を目を細めて、みつめている。目をやると、ゴキブリが横断歩道の白いペンキの上で蠢《うごめ》いている。横断歩道に信号はない。ゴキブリの存在など関係なしに、人が通っていなければ、車は走り抜ける。ゴキブリは意識しているのか、していないのか、動きに緩急をつけ、器用に人の足と車のタイヤをかわしていく。イチローは、ぼくらがなにかをみているのに気づいて、携帯から目をはなし、ぼくらの視線の先をさぐった。ゴキブリはゆっくりと時間をかけて横断歩道をわたりきり、そそくさと路地裏に消えていった。

午前二時。丁髷《ちょんまげ》の熟年男は足元をふらつかせながら、もう一軒いこうか、とぼくらに言った。ぼくとイチローは黙って頷き、彼のあとをついていった。

こんな時間にしっかりと横断歩道をわたるなんて、さっきのゴキブリは人間よりマナーがいいとか、ゆっくりと時間をかけて横断歩道をわたっていたから、思慮深いゴキブリだとか、そんなたわいない話をしながら、ぼくら三人は朝まで赤坂のバーで飲み明かした。

イヌイットの若者と日本

プロローグⅡ　東京・赤坂

朝から二日酔いで頭が痛い。ぼくひとりそのまま赤坂にのこっていた。目のまえのコンビニでは、化粧の濃い女が座りこみ、栄養ドリンクを飲みながら、レディース・コミックを読んでいる。パチンコ屋の店員は気だるそうな感じで店のガラス窓を拭いている。ヨレヨレのスーツを着た若い男がメールをしながら、ぼくの横を通りすぎる。ぼくはスーツの上着を脇に抱え、約束の時間に間にあうようにホテルに向かって歩いていた。

信号まえの交番では、制服を着た警察官があくびを噛み殺し、ファースト・フードの店では、レジの店員が病的な目で外をみつめている。

ぼくはホテルの一室に向かっていた。スーツのポケットから濃紺とブルーのストライプのネクタイを取りだし、首に巻いた。白いワイシャツの手首の部分はすこし黒ずんでいる。口に手をあて、息を吹きかけ、酒臭くないか、何回かチェックしながら、ドアをノックした。どうぞ、という英語の返答を聞いてから、ぼくは部屋に入っていった。

部屋には、ふたりの白髪の中年の男、三十代のパーマをかけた女性ひとり、そして、黄色と青の

NUNAVUT '99
The birth of a
territory fulfils
a dream

ジャンパーを着た十六人の若者がいた。若者たちは疲れきった目でぼくをみつめている。ぼくが言葉を発しようとすると、うしろから、渋い深みのある声が聞こえてきた。

「こちら、ヒヅキさん。大学生で、とてもヌナブト（注2）とイヌイット（注3）の文化に興味をもっていて、今回、ボランティアとして、みなさんの旅に同行してくれます」

ぼくのうしろからすぐ部屋に入ってきた白髪で口髭をたくわえた、俳優のような二枚目のカナダ人の男がみんなに言った。ぼくは笑顔で、よろしく、と言い、額の汗を手で拭いながら、あいている椅子に座った。

一九九九年、カナダに新しい準州が誕生した。カナダ北極圏を中心に誕生した新準州。名前を「ヌナブト」という。日本の約五倍の面積。人口は三万人ほど。人口のおよそ八十五パーセントを先住民族イヌイットが占める。「イヌイットの国」といっても過言ではない。

彼らはその「イヌイットの国」からやって来た十七歳から二十五歳までの若者たちである。彼らはみんなヌナブト準州の出身者であり、カナダの首都オタワで、イヌイットの歴史や文化、ヌナブト準州の成りたちなどを学ぶカレッジ・プログラムに参加している学生である。

彼らはイヌイット文化への理解を深めてもらうため、また、北海道でアイヌと交流するため、つき添いの教師三人とともに来日した。ぼくは白髪で口髭をたくわえたカナダ人の口聞きで、今回、

特別に彼らに同行させてもらうことになった。二〇〇一年四月末からのおよそ二週間、東京からはじまり、盛岡、白老、札幌、函館と彼らと寝食をともにした。

ぼくの腕には一歳になるか、ならないかぐらいの赤ん坊がいる。赤ん坊はステージでお母さんがイヌイットの歌を披露しているのを、つぶらな瞳でみている。

彼らはみんな疲れきっていた。彼らに休息らしい休息はなかった。連日、連夜、ステージでイヌイットの遊び（注4）、ドラム・ダンス（注5）、喉歌（注6）、ヌナブト準州、イヌイットの紹介、などをやっていた。ハード・スケジュール、慣れない土地での生活、慣れない食事、異国滞在の寂寥《せきりょう》感、望郷の想い――すべてが彼らを疲弊《ひへい》させていた。

札幌でみんなでジンギスカンを食べよう、ということになった。生ビール飲み放題に羊肉食い放題。ぼくも含めて、みんな楽しみにしていた。今まで各地の食事は、それぞれの好みによって差はあるけれども、彼らを満足させるものはすくなかった。盛岡でわんこそばを食べたときには、盛りあがったけれども、彼らが好んで食べる、といったものではなかった。刺身を醤油につけて食べるのも、嫌いな人がおおかった。彼らみんなが満足そうに食べたのは、北海道の白老で食べた鮭の燻製と差し入れでもらったケンタッキーのフライドチキンだけだった。

ぼくらはバスで札幌ビール園にいき、宴をはじめた。生ビールを三杯ほど飲み干したところで、ぼくらはこんな話をしていた。

「ヒヅキ、わたしたちってそんなにめずらしい？」

「？」

「どこいっても、いろいろなことやらされて、みんなめずらしそうな顔をして、わたしたちをみる。そして、おなじ質問ばっかり。『北極圏ではどんなもの食べてるんですか？』とか『どんな家に住んでるんですか？』とか『どんな生活してるんですか？』とかね」

「みんなだっておれにおなじような質問するじゃないか。めずらしいからだろ、それとおなじだよ。自分の知らない民族や、いったことない国や地域について聞くのは普通だよ。きみらだってヌナブトに帰ったら、親、兄弟、友だちに日本についておなじようなこと聞かれるよ」

「なんかちがうのよね。動物園の檻のなかにいる動物みたいな感覚なの。疲れちゃうのよね」

彼らはみんな口をそろえてこう言った。

――おなじような顔して、不思議だね、人間って。

なんて陳腐な感想を、ぼくはビールの泡のなかに、とじこめた。

五杯目のビールを飲みおえるころ、ぼくはこんな話をみんなにした。

昔ね、ぼくが小学校三年生か四年生ぐらいだった、信州の田舎で羊を二匹飼っていたことがある

んだ。一匹は毛がモコモコしてたから、モコモコ、もう一匹は口をよくモグモグさせてたから、モグモグ、と名づけたんだ。ぼくはよく彼らと草原を走りまわったんだ。羊はよくみると、笑うことがあるんだ。本当は笑ってなかったのかもしれない。でも、ぼくには笑ってみえたんだ。あるとき、親父が羊の丸焼きをしよう、って言ったんだ。ペットとしてじゃなくて、はじめから食べるつもりで飼ってたんだってさ。もちろん、ぼくは泣きながら、反対したさ。でも、彼らはバーベキュー・パーティーのとき、丸焼きにされちゃった。みんなおいしそうに食べてたよ。ひとりだけ、近所に住んでた鬼みたいな形相をしたガイジンのおじさん（注7）は、羊を食べなかったんだ。おじさんはぼくにこう言ったんだ。家畜には名前をつけちゃ駄目だよ、ヒヅキが飼っていた羊をぼくは食べられない、って。ぼくはモコモコとモグモグが丸焼きになるまえに、あんなに泣いて反対してたのに、泣きながら、モコモコとモグモグの肉をかぶりついていたんだ。なんでだろうね。

みんなはほろ酔い気分で歌をうたっていたから、聞いていたかどうかはよくわからない。

ビール園からの帰りのバスは、ぼくらだけで貸し切り状態だった。みんなは陽気にビートルズの歌をうたっていた。だれかが突然、日本語の歌が聞きたい、と言った。ぼくは坂本九の「明日があるさ」をうたった。みんな手拍子をしながら、ぼくを真似て、「明日があるさ」を、たどたどしい日本語でうたっていた。バスの運転手はぼくの下手な歌に苦笑いをしていた。

盛岡では桜をみて、白老ではムックリ（竹製の楽器）を製作して、札幌ではジンギスカンを食べて……函館では、天気が悪いなか、函館山にロープウェイで登った。函館山の頂上では、百万ドルの夜景なんかよりも、自分の名前入りのペンダントをつくってもらうのに彼らは熱中していた。函館から東京にもどり、後楽園で遊んだり、銀座で買い物したり、と最後の東京を楽しんだあと、彼らは成田からカナダへと帰っていった。彼らのうち何人かは渋谷で「明日があるさ」のＣＤを買って、もち帰った。

帰り際、とくに仲のよかったピリカが、ぼくにこう言った。

「今年の夏、カナダに来るって言ってたよね。わたしの生まれた村に来なよ。わたしは今はほかのもっと大きな町に住んでるからいないけど、いい場所だから。わたしの彼氏の親戚が住んでるから、そこにホームステイすればいいし、ね」

二〇〇一年夏、ぼくはヌナブト準州を訪問し、彼らたちを訪ね歩いた。翌二〇〇二年、ぼくは夏休みを利用して、彼女が紹介してくれた、カナダ極北のとある村にいくことにした。

はじまり

北緯六六度三三分線より北に広がる地が北極圏である。〝北極〟という言葉が内包する〝イメージ〟には、さまざまなものがある。

――暗闇に忽然《こつぜん》と現れるオーロラ（注8）、厳しい土地で息づく動植物、あらゆる感情が交錯する白夜、みわたせば一面に広がる雪氷景色、独自の文化を育むイヌイットとさまざまな民族。

これらはあくまで〝イメージ〟であり、心のなかの鏡に映しだされるものであり、水面《みなも》に現実とはちがって映る自分の姿、である。〝イメージ〟が現実とちがうのは、常である。永年、異国の地〝北極〟の〝イメージ〟の担い手は、捕鯨者、探検家、冒険家、学者、ジャーナリスト、宣教師、カメラマン、貿易者……などなどであった（注9）。〝北極〟は、彼らの〝専売特許〟だった。だが、現代において、もはやそこは異国の地ではなく、身近な地になっている。交通網が発達し、カナダ・ヌナブト準州内の全二十八の村（注10）を飛行機がつなぐ。ぼくらはすこしのお金と、時間の余裕と、自身の決断があれば、〝イメージ〟の世界でしか知らなかった極北の地へ、足跡をのこすことができる。カナダのオタワから、アメリカ合衆国アラスカ州のアンカレッジから、デンマーク領グリー

ンランドのヌークから、ロシアのモスクワから、フィンランドのヘルシンキから、ノルウェーのオスロから、世界中の国から、それぞれの極北の地へ。それぞれちがった価値観、感性で極北を捉《とら》え、手で考え、足で感じることができる。

体験は、〝イメージ〟を壊し、心のなかの鏡を粉々にする。

ぼくは北緯六六度三三分線以北――いわゆる北極圏内からわずかに南にある、人口三百五十人ほどのカナダ・ヌナブト準州内リトル・ナヌーク（仮名）という村に降りたった。リトルは英語で〝子どもの〟、ナヌークはイヌイットの言葉で〝ホッキョクグマ（注11）〟をあらわす。リトル・ナヌークは入江にあり、ホッキョクグマが一年中、村の近くに顔をだす。また、夏にはベルーガ（注12）と呼ばれるシロイルカが入江に集まる。冬は雪氷景色、夏にはベルーガとホッキョクグマで、村の〝イメージ〟は、白一色……でも、実際は……。

「二日来るのが遅かったな」

リトル・ナヌークの小さな空港。眼鏡をかけ、黒いジャンパーを着たマイケル・ムーアに似たヨーロッパ系カナダ人が言う。なぜ、の問いかけに、この地を訪れる来訪者みんなに言っているような、用意されていたかのような答えが返ってくる。

はじまり

「村にホッキョクグマがでたんだよ。子どものやつだけどね。十一歳の子どもが銃で撃ち殺したよ」

テント、寝袋、食糧、コッヘルなどを大きなリュックに入れ、イヌイットの家庭に居候《ホーム・スティ》ができないようならば、外で寝ることも辞さないと考えていた二十一歳の若者の気持ちはいっきに萎《な》える。心が揺れ動く。

ホッキョクグマの話をしてくれたヨーロッパ系カナダ人が運転するキャブに乗って村までいく。空港から村まで七キロメートルほど。車通りのすくない海岸線沿いの車道を、砂煙をあげながら、猛スピードで走っていく。窓からみえる景色は、まるでまわり灯籠《どうろう》のように、瞼《まぶた》に浮かんでは消えていく。乗客は私と運転手をのぞいて、六人。南から来た労働者風のヨーロッパ系カナダ人ふたり、赤ん坊と母親のふたり、三十歳前後の夫婦、の計六人だ。激しく揺れ動く車内で、母親に抱きかかえられた赤ん坊は、頭を上下に動かされながらも、視線はまっすぐぼくをみつめている。

村に着き、ひとり、ふたりとキャブから降りていく。ぼくはひとり車内にのこされた。いき先をつげていないぼくは、いき先を言おうと、ピリカから教えてもらった居候《ホーム・スティ》予定先が書いてある紙を右手でポケットから取りだしながら、運転手席のほうへ身を乗りだすと、

「ホテルでいいんだろ」

とキャブの運転手に先に言われる。ぼくは四つ折の紙を両手で開きながら、

「ここにいきたいんだけど……えっと、マイケルとメイ……」

「マイケルとメイリーンの家か。おまえ、マイケルのこと知ってるのか？」

「ピリカに紹介してもらったんだ」

「ピリカ？　ピリカとどこで会ったんだ？　ピリカはもうこの村にはいないぞ」

「彼女が去年の五月に日本に来たときに会ったんだ」

ああ、そうか、そうか、おまえは日本から来たのか、と言いながら、車をほかのみんなを降ろした村の中心部から村のはずれへと走らした。彼はピリカのことをよく知っているわけでもなさそうで、もちろん、ピリカが日本にいったことを知っているわけもなく、さらに言うならば、ぼくがマイケルとメイリーンの家に滞在することなど興味もなく、ただ、村に二台しかないうちの一台のキャブの運転手として、ぼくがどこから来たものなのかを聞きだすことと、冒頭のホッキョクグマのエピソードを話せたことで、来訪者と最初に接触するキャブの運転手の役目を果たせたかのような、誇らしげな顔をしていた。

ぼくは実物のガリバーをみたことがないから、たしかなことは言えないけれども、ガリバーが寝そべれば、村の端から端まで、ちょうどいい日向ぼっこができるぐらいの大きさだと思う、この村は。巨人のガリバーが海に面して、くの字に寝ると、ちょうど腰の高い部分に小高い丘、村の中心部がガリバーの心臓部分になり、マイケルとメイリーンの家は足の踵《きびす》の部分にあたる、はずだ。彼らの家から村の港は目と鼻の先であり、爪先部分がちょうど港になる、といったところだろうか。

　運転手はぼくの荷物をキャブから降ろし、右手で十ドル札とチップの一ドルのコインを受け取ると、去っていった。港には小型のボートが数艇、波に揺られている。港といっても灯台があるわけでもなく、わずかな砂浜の横に木製の簡単な堤防があるだけだ。

茶色い木の家。港がみえるように、大きな窓がひとつ。窓のまえには無造作にスノーモービルが二台。家の横には冬場も使われてなさそうな犬橇《そり》。犬橇《そり》の横には手製の犬小屋。犬小屋からは鎖につながれ、やせ細った、いかにも犬橇《そり》をひかないような、もし、ひいたとしてもリーダー犬の顔色ばかりうかがうような、クロとシロの斑《まだら》の雑種犬が尻尾を振りながらぼくを悲しい目でみている。ぼくのまえには木製の薄よごれた階段。ぼくは階段をあがり、ドアを開ける。

　二〇〇二年八月二十一日。極北の夏の乾いた風が心地よい。ぼくの二十八日間がはじまる。

［以下のファジクション（ファジー・ノンフィクション）は、そのときの記録に、その後、二〇〇五年七月三十日から九月十三日までの四十六日間と二〇〇六年八月三十日から九月十二日までの計十四日間にわたるカナダ北極圏ヌナブト準州滞在中におこなった現地調査《フィールド・ワーク》で集めた材料《データ》をつけ加えたものである］

だれも寝たがらない部屋

「イヌイットって、ほら、あれ、あれ。雪の家があるじゃない？　かまくらみたいなやつ」

「イグルーのこと？」

「そうそう、それ。昔、教科書でみたんだよね。イヌイットってイグルーに住んでるんだよね。いいなー、ああいう家。なんかロマンティックよね。でも、夏はたいへんね。家がとけちゃうもんね」

無邪気に笑いながら、彼女はそう言った。ぼくには彼女が本気で言っているのか、冗談で言っているのか、見当がつかなかった……そして、今、ぼくはイヌイットの家にいる。


「ようこそ、ヌナブトへ」

マイケルとおぼしき男はぼくをみるなり、そう言った。隣にはシモンマサトのようなカーリー・ヘアといっていいのか、アフロ・スタイル風の、色が黒く、サングラスをかけた女性が立っている。

「ピリカに聞いているわよ。いらっしゃい。よく来たわね」

彼女は外見どおり、低く、野ぶとい声を発する。外からみえた大きな窓際には木の机がある。机

Images CANADA

の両端に、二脚の椅子があり、彼らはそこに座ってぼくを出迎えてくれた。

「さーて、家族を紹介するわね。私はメイリーン。彼がマイケル。私の旦那よ。あとは……」

メイリーンがそう言いかけると、ソファーに座り、テレビ（注13）をみていた何人かの顔がこっちを振り向く。ミクピ、ジョン、ドルトル……メイリーンが矢継ぎ早に紹介していく。あまりに早く、名前と顔が一致しない。バッグのポケットからメモ帳とペンを取りだし、あわててメモに書こうとしたら、

「ごめん、ごめん、早すぎたわね。あとでまた教えてあげるから、あわてなくていいわよ。それに、ここにいるのがすべてじゃないし……ゆっくりと覚えるといいわ」

と日本人風の生真面目さが可笑しかったのか、大笑いしながら言った。

ところで、あなたの名前、もう一回聞いていい？　そう、ヒヅキっていうの、日本人っていうのは、言いづらい名前がおおいのね、私たちにはヒヅキって発音しづらいわ、それで名前の意味は？太陽と月、いい名前じゃない、兄弟はいるの？　お兄さんがひとりなんてすくないわね、日本人は子どもが好きじゃないのかしら、それじゃあ、あなたは家ではベイビーね、末っ子は甘やかされて育てられるから、あなたはわがままね、きっと、あなたはとってもイヌイットに似てるわね、日本人はみんなそういう肌の色をしてるの？　私たちきっと遠い親戚ね、日本にはどのくらい……。

おしゃべりが好きなのか、ぼくがはじめて出会う日本人だからか、メイリーンは興味津々に無数の

だれも寝たがらない部屋

ARO

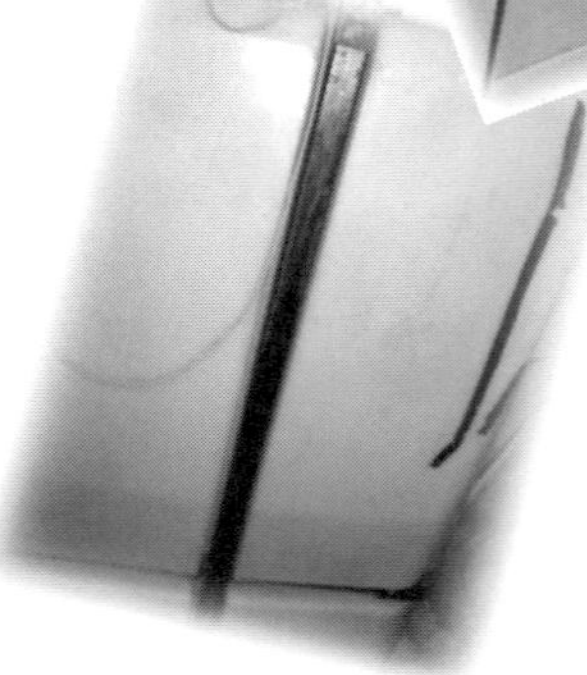

質問をぼくに浴びせ、ひとつひとつに感想を挿む。ほかのみんなはぼくの一挙手一投足に注目する。

「家を案内してあげる。そして、あなたの寝る部屋もね」

一時間ほどの〝質問コーナー〟はおわり、メイリーンは家を案内してくれた。

家の入口の外には、七段の階段。階段をあがると、半畳ほどの空間がある。壊れかけの椅子とぼろぼろになった戸棚がある。半畳ほどの空間に面して、厚く大きな扉がある。この扉を開けると、日本で言う内玄関がある。その玄関は二畳ほど。靴が散乱し、狩猟に使う厚手の衣服が壁にかかっている。玄関からもうひとつの大きな扉を開けると、室内に入れる。室内に入るとすぐ左側に煙草部屋がある。煙草部屋にはボイラー室、水タンクがある（ボイラー室、水タンク室を煙草部屋として使っている、というほうが正確か。この煙草部屋に関しては、あとで述べる。その入口の横には、無造作に狩猟用のライフル銃が三丁、立てかけてある）。玄関から部屋に入り、正面に五メートルほどいったところにもうひとつ部屋が。物置兼クリーン・ウォーター室である。五歳ぐらいの子どもがすっぽり入るバケツにクリーン・ウォーターなるものをいれている。このクリーン・ウォーターなるものは、村から空港へ向かう道を一キロメートルほどいって右折したところにある水溜りから汲んできた水だそうだ。バケツ内の水をよくみると、黄色や緑のかすかなカスが浮いているのがみえる。料理、飲み水などにはこの水を使い、水道水は使わない。彼らがクリーン・ウォーター

DUBBLE BUBBLE

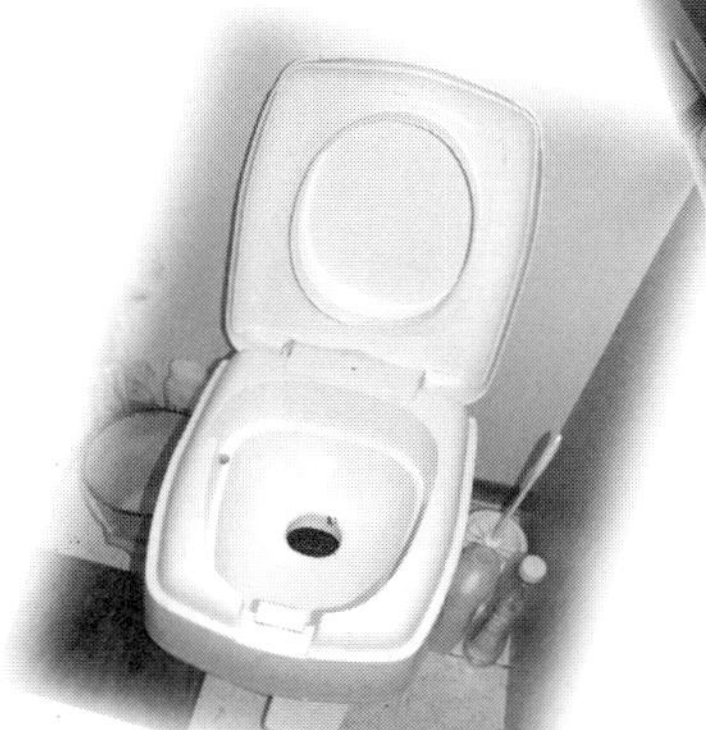

と名づけるほど、クリーンかどうかは定かではない。

部屋に入って、目立つのは鉢植えの観賞用植物と壁のあっちこっちに貼ってある家族写真の数々である。外界が殺風景――秋から冬、そして春までは白一色、それ以外の季節は、ごつごつとした岩景色――であるせいか、この家族だけでなく、イヌイットの人たちは、部屋のなかの〝緑〟を大切にするし、なぜか、どの家を訪れても、写真で壁を飾っていることがおおい。

玄関のすぐ右手（煙草部屋の正面）には、リビング・ルームがL字のような形に広がっている。リビングに入り、左手にはキッチン一式――オーブンつきの電熱式コンロが四つならんでいるそばには、旧式だが電子レンジも、ついている。冷蔵庫は、故障中。右手には大きな窓。窓際に三人がけの小さな木の机。机の上には古いラジカセ。部屋の中心にはパナソニックのテレビ。テレビのまえには大人四人ほどが座れる古い緑色のソファー。ソファーのまえには膝ぐらいの高さの木の机。テレビは箪笥《たんす》兼テレビ台のようなものに収まっている。これも木製だ。リビングの入口からソファーまでのあいだに広がる空間は十畳ほど。縦に細長い。テレビを正面にして、右を向くともう五畳ほどの空間がある。左側にはふたりがけのソファー。このソファーの横に、小さな木製の箪笥《たんす》があり、この上には電話がおいてある。ときに、この電話は、その脇の電気スタンド台の下に移動することもある。右側には白い木製の箪笥《たんす》。白い箪笥《たんす》の上には最新のオーディオ器具がのっている。箪笥《たんす》の横にひとり用のソファー。電話とひとり用ソファーの間には通路がある。この通路はそれぞ

れの個人部屋につながっていく。通路を二メートルほどいき、つきあたり右には外へでられる別の扉がある。左は廊下がつづく。こちらの廊下右側に三つの部屋、左側にふたつの部屋、つきあたりに一部屋ある。左側の一番目の部屋はトイレ兼風呂。バスタブは、いわゆる〝洋風浴槽〟。シャワーもついている。その気になれば、首まで湯につかる入浴が可能だが、給水車が運んできてタンクにためる水をつかうため、シャワーをあびる入浴法をとることで、水を節約することがおおい。ただし、下の子どもふたり——イザーミン（次男、五歳）とピグルク（次女、三歳）は、浴槽に三分の一ほど、湯をためて、一緒に風呂に入る。洋式の便座が、一応、ついてはいるが、トイレはボットン式であり、よく汚物が便器についている。子どもはその汚物のあと始末をしないことがあるので、まるまる便器に汚物が留まっているときもある（二〇〇五年に、ふたたび居候《ホーム・ステイ》をさせてもらっ

たときには、このトイレが、簡易水洗式にかわっていた。水の出がわるいので、完全に清潔なトイレとは言えないが、二〇〇二年当時にくらべれば、汚物の便器内残留度は、はるかにへっていた)。大便をしたあと、つかったトイレット・ペーパーは目のまえのポリ製のごみ箱にすてる。便器に流さない。この使用ずみトイレット・ペーパーの処理法は、地球上、あっちこっちにある。その理由は場所によっていろいろあるだろうが、ここの場合は、簡単明瞭。

かなり親しくなったあと、ぼくは、マイケルに聞いた。

「なんで、使用ずみのトイレの紙、流さないの?」

マイケルは、無愛想に答えた。

「配水管がつまったら、一巻のおわりだろ。隣町から飛行機で修理人を呼ばなきゃなんない。日数もかかるし、金もかかる……むかしは、なんてことなかった。オケにションベンをして外にすてるか、外にでて、適当にやればすんだからね……冬はケツがこおったけどね」

とここで、マイケルは眉をあげ、目じりに皺をよせ、少しあけた口から息を吐きだすように、イヌイット独特のィヒヒ笑いをした。

……便器にまたがるたびに、目のまえのポリエチレン・バケツに投げこんである汚物つきトイレット・ペーパーを眺めながら、幼少期から高校時代までのあいだに親父にくっついて歩いたヨーロッパ、旧ソ連邦、中国、北中米各国(とくにメキシコ)など、世界の〝僻地排便事情〟が脳裏をよぎるが、紙をトイレに流さないところは、地球上にいっぱいあった。どの国のどのあたりがそうだったのか、思いだせない。でも、ひとつ、確信をもって言えること。ほかの地域では、目のまえに山積みされているくしゃくしゃに丸めた使用後のトイレット・ペーパーの表面には、茶色のシミが、「これでもか、これでもか」という感じでくっついていたが、この家のそれは、真っ白なんだ。

——イヌイットの人って、つつしみ深いのかな？　ウンチに色がついていないってことは、ありえない。よごれた部分を内側につつんでおくのかな？　だったら、すごい！

……このことに関しては、とうとう最後まで質問できなかった。

部屋の案内にもどる。

二番目の部屋は洗濯部屋。白い洗濯機と乾燥機が一台ずつある。右側の一番手まえの部屋はマイケル、メイリーン夫妻の寝室。十畳ほどの部屋に大きなベッドと小さなベッドがある。小さなベッドには、小さな子どもふたりが一緒に寝ている。二番目の部屋が、〝だれも寝たがらない部屋〟。三番目の部屋は、長女の部屋。赤いライトを照らし、年頃の女の子らしい部屋ではあるが、散らかっている。つきあたりは長男の部屋。いたってシンプルである。ざっとこんな感じ。

ものすごく広い、とは言いがたい家。これだけの人がいるので、すべての部屋は窮屈に埋まっているものと思っていたので、リビングのソファーで寝るのか、床で寝袋にくるまるか、はたまた、だれかと相部屋か……しかし、〝だれも寝たがらない部屋〟というのがあるらしい。

〝だれも寝たがらない部屋〟は白いドアを開けると、大人ふたりは寝ることができるマットレス風ベッドがおいてある。五畳ほどの部屋。部屋には木製黒塗りの五段箪笥《たんす》と壁に備えつけてある戸棚があるだけ。壁にはいくつかのポスター。数々のホッケー選手の写真、〝NIKE〟と記してあるポスター。モナリザの顔のうえに喜劇俳優ミスター・ビーンの顔が貼られたポスターもある。六十センチメートル四方の窓からはかすかな光が差しこむ。

「この部屋ひとりで使っていいの？」

「いいわよ。いつも使ってないしね。だれも寝たがらないもの、この部屋」

ぼくは首を傾げ、目を細め、なぜ、と顔で問いかけた。

「うーん、別にね……気にしなくていいわよ」

とても気になったが、ぼくはそれ以上追究しなかった。どんな理由があるにせよ、ひとりで部屋を使わせてもらえるのに、贅沢は言えないし、あまりしつこく聞いて、気分を害してもいけない。

〝だれも寝たがらない部屋〟は二十八日間、ぼくの部屋になった（二〇〇五年の夏は、ガールフレンドのクルと同棲をはじめたミクピが家をでていったので、ぼくは彼の部屋で居候《ホーム・ステイ》をきめこんだ）。

TORONTO
TORONTO MAPLE LEAFS
LEAFS
MAPLE LEAFS

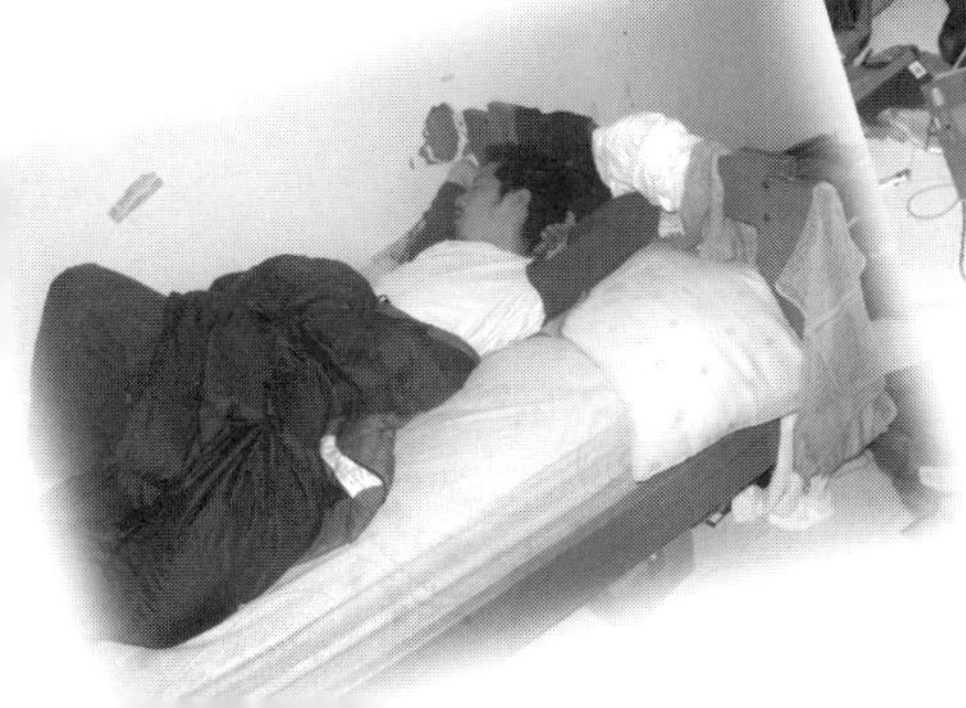

生活

六、七歳の子にスーパー(注14)で噛《か》み煙草を親が買ってあたえる。十二、三歳の子どもたちも、親のまえで平気で煙草を吸う。親は気にもしていない。イヌイットは、幼児以外は、男も女も、ほとんどの人が重症の喫煙愛好者。ところが、家のなかでの喫煙を禁止にしている家族がおおい。外にでて玄関口で一服を楽しむ。たいてい、だれかが、入口のところで、「ホタル族」をやっている。ただし、冬は寒い。マイケルとメイリーンの家では、玄関わきの一坪半ほどのせまいボイラー室を煙草部屋にしていることは、前章で書いた。大きなポリタンの水タンクと機器類がつまった空間である。そこに、椅子二脚と灰皿ふたつがおいてある。だれかが、シャワーをつかうと、電気温熱機が、うなり声をあげる。みんな、その騒音のなかでぷかぷか、と。せ

まい部屋に、ときに四、五人がひしめき、煙りもうもう……。——公共の建物内やレストラン・バーなど人の集まるところでの喫煙をカナダのおおくの州や準州が全面禁止にしたのはわかる。でも、私的な空間で、それも一家全員が煙草愛好者なのに、なぜ、家のなかの部屋で煙草を吸わないの？　赤ん坊に対する配慮？　室内を汚したくないから？　と思いながら、ぼくもみんなにまじって、それまで吸わなかった煙草をふかすことから、ここでの生活がはじまった。なぜなら、この部屋のなかでの会話の密度が、一番、濃かったから。

　リトル・ナヌークでは、コーク（あるいは、ペプシやセブンアップ、スプライトなど）一缶（三五十ミリリットル）を飲むために定価以上のお金がかかることがある。

　スーパーで一箱十二本入りのコークを買うと、約二十一ドル（千九百円）。一缶、一・七五ドルである。一箱を居候《ホーム・スティ》先にもって帰る。「おれのものは、おまえのもの。おまえのものはおれのもの」という財産共有哲学は、今日、イヌイットの都市生活者のなかでは、失われつつあるが、ふるいしきたりののこっているリトル・ナヌークには、まだ、その残滓感《ざんし》がただよっている。とくに、食い物や飲み物はみんなで、わけるという習慣は色こくのこっている。

さりげなく台所の片隅に買ってきたコーク一箱をおく。箱をあけて、とりあえず、一本、飲む。しばらくたって、「もう一缶、飲もう」と思って、台所に……もう、コークはない。みんなで、よってたかって飲んでしまっている。運がいいと、かろうじて、もう一缶ありつける。二缶飲めたとしても、一缶千円弱の費用が、コークを飲むためには必要。もちろん、スーパーでは一缶単位でそれを買って、〝家族〟に内緒で、かくれて飲むことはできる。でも、それをたびたびやって、居候《ホーム・ステイ》先のだれかに、「ヒヅキってやつは、そういうやつなんだ」と思われたら、ぼくに対する信頼は地におちてしまう。

「まいった」といえば、居候《ホーム・ステイ》をはじめたばかりのころ、だれが家族なのか、まったくわからないのにも、まいった。朝から晩まで、いろんな人が勝手に家に入ってくる。一番、頻繁にやってくるのが、眼鏡をかけ、口髭をたくわえたおじさん。どうやら仕事はしていないらしい。あとになって、この人は、メイリーンの姉のご主人ジョイドだということが判明するのだが。

玄関のところで靴をぬぐ。靴下になって、室内に入る。スリッパはつかわない。あまり、床掃除をしているのをみかけたことがない。でも、ここでは、なぜか、足の裏がよごれない。一日中、人の出入りが、はげしい。常時、十〜十五人ほどの人が、家のなかに出たり入ったりしている。居間では、床にべったりと座って、トランプ遊びに興じている。台所の片隅に、いつもおいてある生肉を、お腹がすくと、床に座りこんで、半円月型のウルゥ（イヌイットのナイフ）できりきざみながら、食べている。

——靴下とズボンのお尻で、いつも、床をみがいているので、床がよごれないのではないか。などと、他愛のない分析をするぼく。

居間の主役は二十七インチ・テレビである。そのテレビの音をけしてみていることがおおい。ひたすら映像だけを楽しんでいる。が、テレビの上においてあるラジオで地元ラジオ局の音をだしていることも、ままある。

マイケルは音なしの映画が好き。メイリーンは、音なしのミュージカル。

ハリソン・フォードが、しかめっ面をしている画面のうえで、「双子の×××ちゃん、誕生日、おめでとう！」と村内放送がラジオから流れている。

「テレビ、大きいね」

「いや、そんなことはないわ。わたしの弟のテレビは三十二インチ」

わたしも、ほしい、という感じでメイリーンが答える。

衛星放送で、どんな番組だってみることができる。リモコンのボタンをおすと画面にでてくる番組表はチャンネル百から八百いくつまで、ところどころ空欄があるが、五百チャンネル以上に、なんらかの文字が入っている。

「なんチャンネル、うつる？　五百？」

「いや、もっとすくない」

「三百？」

「百ちょっとじゃないかしら。ためしたことがない」

とメイリーン。

アダルト番組の欄は、赤色になっていてブロックされている。子どもたちにみせないためだろう。一家全員に人気があるのは、カナダ版ドッキリ・テレビ——警官がパトカーの後部荷台から、いろんなものをとりだして通行人にうりつけたり、ゴミ箱をあけるとなかに人が入っていたりする。それを、ゆったりとソファーに座ってみながら笑いころげる。ときには、一家でトランプをやりながら、そちらに気をとられている。それに、「挑戦番組」——夫婦、恋人同士、兄弟などが、「人工的な極限」にいどむ番組も、みんなだい好きだ。ガラスの容器に入ったゴキブリを男が口にくわえ、口うつしで女にわたし、ほかの容器に入れる。あるいは、女が鍵をかけられたガラスの箱のなかに入り、それを水中におとし、男が水にとびこみ鍵をあけ、女を救う。どの組が早いか、競う。数十万円の賞金がでる。かたずをのんで、くいいるように無言の画面をみつめる。「南方《ダウン・サウス》」の大都会、オタワ、モントリオール、ウィニペグ、バンクーバーなどから発信される番組である。衛星テレビだから、アメリカの俗悪番組も、たっぷり受信する。もちろんCNNをはじめニュース番組も、四六時中放映しているが、それにはあまり関心がない。メイリーンに聞く。

「なんで、音なしでみるの？」

「居間で、ほかの人が話しているじゃまになるでしょ」

マイケルとジョイドの答えは、そろって、

「アーマイ（わからない）」

親が働きに外にでているとき、子どもたちはアニメをみるかテレビ・ゲームをやっている。ゴルフとかボーリングとか。

たいていの日の午前中、イザーミンが、ひとり、ぽつんとソファーにこしかけて、テレビをみている。もちろん、アニメである。主寝室にもうひとつ、小型のテレビがある。父と母のダブル・ベットで布団にくるまって、そこでみていることもある。

「学校、ないの？」

「ある。午前中も午後も」

「どうして、いかないの？」

「いきたくないから」

お昼休みには、マイケルは食事のために帰宅する。ヘルス・センターのお手伝いをしているメイリーンをひろって、修理工場の小型トラックで帰宅する。村共有の冷凍庫によって、二日か三日に一度は、冷凍したカリブーの肉を昼休みにピック・アップしてくる。猟でとれたときにあずけておいたものだ。食事のあと、マイケルは小型トラックで、イザーミンを学校までおくる。彼は、しぶしぶ、午後から学校にいくこともある。いかないこともある。半登校拒否である。学校を中退した両親も、あまり教育熱心ではない。息子が学校にいかないことを、あまり気にしていない。彼らの親族のなかで、まともに高校を卒業したのは隣町にすんでいるメイリーンの姉の息子だけである（日本で知りあったピリカ――ぼくをマイケルとメイリーンに紹介してくれた女《ひと》――のボーイフレンド。ふたりで、同棲生活をしながら、二〇〇七年現在は隣町で優雅な生活をおくっている）。

二〇〇四年の夏から、カナダのヨーク大学（トロント）は、毎年、村役場《ハムレット・オフィス》に学部の学生をひとり送りこんでいる。調査・研究要員ではない。「なんとなく村役場《ハムレット・オフィス》のお手伝い役」である。二〇〇五年の夏にはカリブ海の島国に祖先をもつ肌の色の黒い女性がリトル・ナヌークの村にいた。ぼくと同じ年のその彼女が、あきれかえって言ったものだ。

「イヌイットの人たちは、その気になれば、高校さえ卒業していれば、全額授業料免除、それに生活費の面倒までみてもらって南の大学にいけるのに、なんで勉強しないのかしら。信じられない。

大学を卒業すれば、ヌナブトがこれからいくらでも人材を必要としている今の時期、いくらだって出世できるのに。ほんと、信じられない」

ちなみに、彼女はイヌイットの家に下宿している。そこでの生活にプライバシーがないことを、なげいている。というよりは、あきれかえっている。

「こんなところには、わたし、二度と来たくないわ」

ぼくは、にっこり笑って、つぶやく。

「おれは、また、何度でもここに来る」

ぼくが夏にリトル・ナヌークを訪問するとき、ベルーガも南方からやってきて、村を囲んでいる海を周遊する。

「年々、やってくる時期が遅くなる」

マイケルは窓から海をみながら、ぼやく。

そんな八月のある日、ホッキョクイワナ（注15）漁からかえってきた老漁師が、朗報をもたらす。

「ベルーガが二頭いた！」

たちまちのうちに、この情報は村中をかけめぐる。午後五時以降猟師《アフター・ファイブ・ハンター》や週末猟師《ウィークエンド・ハンター》たちの目ががやく。狩猟民族の目になる。

平日は整備士の仕事をしている典型的な午後五時以降猟師《アフター・ファイブ・ハンター》・週末猟師《ウィークエンド・ハンター》のマイケルは、落ちつかない。無職のジョイドはマイケルからボートを借りて、ミクピ、息子のジョンとともにベルーガを追い求めて海にでる。

猟　アザラシとベルーガ（注16）

薄暗い部屋のなかに四角い窓から光が入っている。モナリザのポスターが壁に貼ってある。顔だけはだれかの手によってミスター・ビーンに貼りかえられている。ミスター・ビーンは不敵な笑みを浮かべている。

……部屋の壁際に黒い物体が動いている。その物体はベトベトしたようなねばっこい液体を壁にのこしながら、なんの意図も目的もない風情で這いずりまわっている。モナリザの下半身からミスター・ビーンの顔へと近づいていく。モナリザのポスターの上には光沢のねばっこいものがのこっている。ミスター・ビーンの顔の上でピタッと止まる。

黒い物体はしばらくしてから、なにかを思いついたようにまたカサカサと動きだした。壁から床へとすばやく。それから、ぼくが寝ているマットレスへ近づいてくると、からだのほうへ向かってきた。そして、長ズボンのわずかな隙間から服のなかへ入り、すね毛を掻き分け、ケツのほうへやってくる。ケツの穴から体のなかへ侵入する。胃液でベトベトした腹壁にはりついて、つぶやく。

「知ってるか、ここがどんなトコなのか。おまえが思い描いているようなトコじゃないんだよ。表は華やか、でも、裏はそんなもんじゃない。この腹のなかのようにね」

黒い物体は腹のなかを徘徊《はいかい》したのち、食道を通り、舌の上にちょこんと座った。

「夢とか希望とか、なんなんだろうね、そういうの」

そう言いのこすと、口のなかから飛びたっていった。

黒い物体とぼくは、いつのまにか、一体化して空中浮揚をはじめ……ここでジョンに、「おい、でかけるぞ！」と意識を現実にもどされる。

「煙草の吸い方知ってるの、ヒヅキ」

「そんなもん知ってるよ。いつも吸ってるもん」

ぼくはそう言うと、慣れない手つきで煙草を取りだす。青いパーカーのジッパーをおろし、風をさけるように顔をパーカーのなかにうずめ、ライターで火をつける。煙草の煙を肺まで入れずに、ふかすだけ。

「なんだ、やっぱり煙草の吸い方、知らないんじゃないの。強がって」

ジョンは小馬鹿にしたように言う。

「ちがうよ。知ってるけど、わざとやったんだよ」

煙は風にふかれて、大気中へとあっという間に消えていく。ボートは水面をすべるように走っていく。ジョイドは中腰になり、なにかを探すように、水面をみながら、ボートを運転する。彼のくわえた煙草は、ほとんど火が消えている。運転席の横に座ったジョンはぼくのほうをみてニコニコしている。ぼくの不慣れな煙草の吸い方が、おかしくて仕方がないらしい。運転席の前方、ボートの先端には、銃を抱えてミクピが座っている。ミクピもジョイド同様、目を凝らして水面をみている。

一六〇〇年代にトーマス・ボタン、そのすこしあとに、ルーク・フォックスという探検家が北西航路(注17)を求めて、このちかくの海岸沿いを航海したことや、一七〇〇年代には、かの悪名高いハドソン湾会社が、このあたりにやってきてイヌイットたちと、取り引きをしたことなどを、なんとなく思いだしながら、ぼくも水面を凝視している。

わずかな波が立つ水面。水のなかをよくみると、黒茶色の藻が密生している。ヤマハ製のモーターからでる水しぶきをあびて、藻は水中で華麗に踊る。

「いないな」

ジョイドがつぶやく。

「タマちゃんいないの?」

ぼくがジョイドに聞く。

「タマちゃん? なんだよ、それ」

猟　アザラシとベルーガ

「日本ではアザラシのことタマちゃんって言うんだよ。みんながタマちゃん、タマちゃんって。大人気だよ」

「なんでタマちゃんって言うの？」

「日本には多摩川っていう川があって、そこにいきなりあらわれたから。だれかがタマちゃんって名づけて」

みんな怪訝《けげん》そうな顔をして、ぼくの話を聞く。タマちゃん、タマちゃん、とジョンは面白がって連呼する。

「日本では、そのタマちゃんとやら、だれか捕まえたり、食べようとかしないの？」

ミクピが真面目な顔をして聞く。

「捕まえる？　食べる？　そんなことしたら大問題だよ。よくわからないけど、みんなでタマちゃんをみまもっているみたい」

「ふーん。ここは全然ちがうね。ヘンなの」

ボートからもう村はみえない。静寂のなか、モーター音だけがする。移動してはボートを止め、移動してはボートを止める。カモメ（注18）を追う。この鳥がむれて水面ちかくで、「あやしげなうごき」をしていると、そのちかくにアザラシ（注19）がいる可能性が高い。

ボートが止まっているあいだ、カモメの飛翔《ひしょう》を気にしながら、みんなは水面をじっとみつめる。わずかな波間にアザラシの姿を探す。狩猟をしているときの彼らの姿は、いつものおちゃらけている姿とはちがう。厳しい目つきをし、顔がひきしまる。ときにその目つきのするどさには恐怖すら覚える。彼らの先祖は狩猟採集民族である（注20）。今は完全な狩猟採集で食べていないにしても、彼らはやはりその血を受け継いでいる者たちなのだ。

村を出発してから三時間あまりが経過。ジョイドの煙草の量も増える。猟にでているほかのボートと無線通信で情報を交換しあう。英語とイヌクティトゥト語の声が飛びかう。ジョイドは気まぐれに無線機の声に対して返答したり、自ら話しかけたりする。

ぼくはジョイドの交信を悠長に聞いている余裕はなかった。ぼくの胃は悲鳴をあげていた。昼に食べたベルーガのためだ。魚の腐ったような臭いが胃のなかから口元に広がる。

あぶらっこいベルーガの脂肪部分が体のなかを逆流する。たまらず、ボートから海に顔をだし、口にたまった汚物を吐きだす。その吐きだした汚物の臭いがさらに気分を悪くし、吐き気をもよおす。腐った魚の肝のようなものが、喉元を行き来する。

「ヒヅキ、船酔いでもしたか？　情けないな」

ジョンはケラケラ笑いながら、ぼくの顔を覗きこむ。ジョイドもミクピもぼくのほうをみて、ニヤニヤしている。

「ちがうよ。昼にベルーガを食べすぎたんだよ。お腹がすいてたし、ひさしぶりだったからたくさん食べちゃって。皮だけだったらよかったんだけど、調子に乗って、脂肪部分もたくさん食べちゃったから」

ぼくはそう言いながらも、吐きつづけ、胃液でベトベトになった口元をジャンパーの袖でぬぐう。海水を思いっきりがぶ飲みし、胃のなかからなにもかも取りのぞきたい気分だ。左手で冷たい海水を汲み、口元を洗う。

「ベルーガの脂肪は食べすぎちゃダメだよ。適量にしないと。おれらだってあれはたくさん食べないよ」

ミクピが言う。

「ヒヅキが餌を撒いてくれたら、アザラシが寄ってくるかもしれないな」

ジョイドは口元の髭を触ったあと、かけていた眼鏡をはずし、ティッシュでレンズを拭きながら言う。目はぼくのほうではなく、遠くの水面をみつめている。ジョンもぼくをからかうのに飽きたのか、ジョイド同様遠くの水面をみつめている。

「親父、あれ、アザラシじゃない？」

ジョンが目を細めて言う。

「どこだよ」

ジョイドがぽつりと言う。

「あれだよ。あれ」

ジョンが指差した方向をみるやいなや、ジョイドはエンジンをフル回転させて、ボートを指差した方向へ動かす。ぼくも海とにらめっこしている顔をちょっとあげて、指差した方向をみる。はるか、はるか遠く、わずかに波の動きがおかしい水面がある。ただ、素人のぼくには、その波の動きがアザラシかどうかは判断できない。しかし、ぼく以外の三人にはそれがしっかりアザラシであることがわかっているようだった。ミクピはすでに船の先端で銃を構えている。ジョンも銃に弾をこめると、激しく揺れるボート上でユラユラしながらも、ミクピがいる先端へと向かう。ジョイドは運転席に器用に立ち、アザラシのいるほうへボートを動かす。ミクピとジョンはアザラシのほうへ銃口を向けている。もっと右、右というように、ジョンが銃を構えながら、手を動かす。ジョイドはその指示に従ってボートを動かす。ぼくは激しく揺れるボートにしっかりつかまりながらも、ま

た、顔を海にだし、吐く。もう吐く物は胃にのこっていない。なんともいえない臭い胃液だけが胃のなかからでる。激しく動くボートのため、海水で顔はビチャビチャだ。

「アティ（いけ）！」

　ジョイドが叫ぶ。それと同時に銃声が鳴り響く。一発、二発、三発……数え切れないほどの銃声が真っ青な空に鳴り響く。気持ちが悪いながらも、銃声のほうへ目をやると、アザラシのツルツルとした頭が何個も海面からでているのがみえる。いや、何個どころではない。数十、もしかすると、百近いアザラシがいる。まるでもぐら叩きのように海面から交互に頭がでる。ふたりが銃に何回も弾をこめるのが目に入る。これでもか、というぐらいアザラシに弾丸を撃ちこむ。アザラシも必死に逃げる。百頭近かったアザラシの軍団はいくつかの集団に分かれ、その数はすこし減っているようにもみえる。ふたりの弾があたっている様子はない。ふたりはアザラシを狙っているというよりも、ただ、やみくもに海に弾を撃ちこんでいるとしかみえない。ボートを運転していたジョイドがみかねて、足元から銃を取りだす。

「ヒヅキ、ハンドルもって」

「わかった」

　海水で濡れた手でハンドルをもつ。嘔吐を繰り返しながらも、口にたまった胃液を海に吐きだす。吐きだした白い胃液は波に揺られ気持ちよさそうに流れていく。

「おまえら、すこし頭さげろ」

そう言うと、ジョイドはアザラシに照準をあわす。ぼくの耳元で銃声が響く。耳にはキーンという機械音。海に赤い波紋が広がる。もうアザラシの軍団はわずか数頭ほどになっている。血を流しながら泳いでいるアザラシにジョンが狙いを定める。パン、パン、と二発撃ちこむと同時に、薄かった赤い波紋はさらに毒々しい赤色になった。それをみると、ジョイドはボートを減速させた。銃を足元におき、ぼくが握っていたハンドルをふたたびもった。赤く染まった中心には黒く小さな塊が浮いている。そこにゆっくりと近づいていく。

「結構たくさんいたのにな。たったの一匹かよ」

「そんなこと言ったって、ミクピ、全然あたらなかったじゃないかよ」

「ジョンだってジョイドおじさんが撃った弱ったやつを撃っただけじゃないかよ」

「でもおれはちゃんとあてただろ。おまえは、一発もあたんねえの」

「一発ぐらいあたったよ。でも、でかいやつだから海に沈んだんだろ」

「アハハ。そういうことにしておいてやる」

ジョンとミクピは軽い言いあいをする。ミクピは憮然とした表情で、船の先端からぼくがいる後方へやってきた。ぼくが座っていた板をまたぐと、船のもっともうしろのモーターのところへ陣取る。ジョイドはボートをのたりと浮いているアザラシの横につける。ミクピはそのアザラシを片手

でひょいともちあげ、モーターの横に軽々とおく。子どものアザラシだった。体長三十センチほどの体には穴がなんか所かあいており、血が噴きだしている。パレットの上に赤と黒と紫を混ぜあわせたような色。ミクピは尾をもちながら、子どものアザラシの体を表にしたり、裏返したりしている。モーターの軽い振動でアザラシの体が左右にかすかに揺れる。目は薄黒く、なにかを訴えるかのようにぼくをみる。

「なんだ、子どもか」

「大物じゃないな。これじゃあ意味ないよ」

「まあ、しょうがないよ。ミクピ、落ちちゃうといけないから、しっかりもっとけよ」

ミクピはアザラシの体を海につけ、血を一回洗い流す。赤黒い血は海にうっすらと広がっていく。


ジョンの青いジャンパーのうしろには「おれの人生はホッケーがすべて」と刺繍してある。お母さんが縫ったものだ。赤い目をしながら、噛み煙草を口にいれる。舌で上唇についたしめった黒いものを下唇の歯茎の下に集める。そして、右手の指先についた子蟻の死骸のようなものを舐めまわす。黒い唾を海に吐きだす。それをみていたミクピがアザラシを左手にもちながら、右手をジョンにさしだす。ジョンは「Ｃｏｐｅｎｈａｇｅｎ」と印字されたホッケーのパックをすこし小さくしたような黒くて丸い箱をミクピに投げる。ヒヅキ、ちょっともってて、とアザラシをぼくのほうへ

手わたし、ボートの床へボロボロとこぼしながら、噛み煙草を口にいれる。これをやるイヌイットの若者は、とにかくおおい。ジョンとミクピは口のなかに溜まる唾液を海に吐き捨てる。ヒヅキはいらないの、とこっちを向く。いいや、おれ、それ嫌いだから。おまえの前歯の歯茎、子蟻に食い荒らされてるみたいになってるぜ、とぼくは顔をしかめる。運転席に座りながら、ジョイドはカナダ製の紙煙草に火をつける。

北極圏の夏の太陽は、なかなか落ちない。午後五時になっても、ぼくらを照らしつづける。ぼくの喉にはあいかわらず生臭い塊のようなものがのこっている感じだが、もう吐くものはない。ボートは小さな島をゆっくりとまわる。島のまわりを繰り返し何回も、何回も。

夕方になり、仕事をおえ、漁にでている船が増えたのか、無線機の交信の回数がにわかにおおくなる。

「ジョイド、グーグーセイアルーイ(豚はいたか)?」

整備士の仕事をおえ、だれかのボートで猟にでたのか、はたまた、家から交信しているのか、マイケルの声が無線機から聞こえる。海に豚がいるわけもなく、イヌイットらしい冗談に、ジョイドは、

「バッファローアルーイ(バッファローはみかけたか)?」

と不毛な猟にもかかわらず、ご機嫌な声で返答する。無線機の向こう側で、おそらくニヤついた

顔をしているであろうマイケルはそれに対して、
「バッファローはみかけてないが、ほかのボートからベルーガの情報が入ったぞ。ビッグ・アイランドの近くでほかのボートがベルーガの大群をついさっきみかけたらしい。まだ近くにいるはずだから、いってみるといい」
よし、わかった、ありがとう、マイケル、そうジョイドは言うと、ボートを全力疾走でビッグ・

アイランドのほうへやった。

ぼくたちが繰り返し周回していた島は、ベルーガ・アイランドと言われている。ベルーガがよく集まることから、なんとなく、みんなでそう呼んでいるらしい。リトル・ナヌークのまわりには無数の島が存在するが、大小問わず、ひとつひとつに名前がついている。例えば、カリブーがよく集まる場所ならば、カリブー・アイランド、カリブーの角のような形の島は、カリブー・ホーン・アイランド、などなど様々な特徴から名前がつけられている。いたって単純な命名ではあるが、なんの特徴もない動植物が一切生息していないような不毛な、かつ、かたちてきに平凡な島であっても、ノット・アイランド（島の存在をなさない、不必要な、無意味な、などこれにはいろいろな意味がこめられている）とご丁寧に名前がつけられているから驚きである。ビッグ・アイランドは村から四十キロメートルほど離れた場所に位置しており、この周辺では、もっとも大きい島である。ぼくらがいたベルーガ・アイランドからは十分ほどボートを走らせただけで、ビッグ・アイランドに着いた。

ビッグ・アイランドに着くと、ジョイドはエンジンを止め、あたりをみまわす。エンジンを止める際、ボートによってできたわずかな波が岩肌を打ちつける。ぼくは乾燥した手を水につける。夏でも、感覚的に、極北の海は無窮《むきゅう》に冷たい。透明なようでいて、不透明にみえてならない水。空はまだ明るいが、不気味な静けさがあたりを包む。背の低い島の上空には、カモメが二羽旋回しながら、こちらの様子をうかがっている。

「さーて、どこにいるかな。こっち側にはいないみたいだから、反対側にいってみようか」

ジョイドはそう言うと、ゆっくりとエンジン・キーをまわし、なるべく音を立てないように、ボートをふたたび動かした。ジョンはボートの先端で、銃の準備をしながら、水面を注意深くみている。ミクピは噛み煙草で口のなかにたまった唾を海に吐きながら、子アザラシの黒灰色の肌ににじみでているわずかな血を右手の親指と人差し指の指先につける。その血で子アザラシの髭一本一本を赤色に染めようとしている。さすがに疲れているのか、目の焦点はあっておらず、時折、ため息をつく。子アザラシの髭はきれいに赤くなっていく。

もういないかな、ジョイドはイヌクティトゥト語でつぶやいた。ぼくにはイヌクティトゥト語すべてを理解する能力はないが、ジョイドの落胆した顔から、そのように解釈した。ぼくらはゆっくりと二十分ほどかけて、注意深くあたりをみまわしながら、島を半周ほどしていた。情報を聞きつけてやってきたのか、ビッグ・アイランド周辺には、ぼくらのボートのほかに、四艇ほどのボートが来ていた。小さい子ども、奥さんを連れた家族ボートもあれば、二十代後半とおぼしき屈強な男たちが乗りこんでいるボートもある。白髪頭の六十代のふたり組、ベテラン猟師コンビもいれば、老夫婦に孫の組みあわせもある。みんなが血眼になって、ベルーガの大群を探していた。無線交信からどのボートもベルーガを発見した様子はない。最初にマイケルに発見の報をした、家族ボートも、ベルーガの姿をみうしなっているようだった。

午後七時。極北の無機質な太陽はぼくらを照らしつづけながら、ようやく沈む構えをみせる。ベルーガは浅瀬に集まる習性があるらしく、ビック・アイランドの浅瀬を各ボートが手分けして探す。ぼくはあきらめに近い気持ちで水面をみつめる。冗談も飛び交わず、しばらく静かにしていた無線機から一言、男の野太い声が聞こえてくる。

「ベルーガの大群……ビック・アイランド南方」

男の声は獲物をみつけた喜びで満ち溢れていた。無線機からの声と同時に乾いた何発もの銃声が極北の静かな海にこだまする。ジョイドは満面の笑みを浮かべて、エンジンをフル回転。ジョンとミクピの顔にも精気がもどる。目を凝らし、耳を澄ますと、近くに散在していたボートが無線機の発信元に向かっているのがわかる。銃声音が近づく。

「テーカ、テーカ（あそこ、あそこ）」

ボートの先端で銃をもったジョンが大声をあげる。ジョンが指差した方向をみると、五百メートルほど離れた浅瀬に、白い巨体が揺れ動く。一頭、二頭、三頭……十五頭ほどいるだろうか。二キロほど離れたところにうっすらとみえるボートからは銃声が聞こえる。ぼくらのボートは現場に一番早く着いたらしい。ジョイドはボートをベルーガの群れに並走させる。ジョンとミクピはボートの先端で、銃を構える。向こうからも銃声が聞こえることを考えると、こちらは別働隊か。向こう側にどれだけの数がいるかわからないが、確かに大群だ。体が大きいからか、浅瀬だからか、時折ベルーガの背中がひょっこりと水面からでる。体長は五メートルほどだろうか。極北にいる白い生命体は美しい。ホッキョクグマしかり、ベルーガしかり。極北にいるから彼らは眩い光を放つのか。東京の動物園にいるホッキョクグマは病的な目をしているし、神奈川の水族館にいるベルーガはただ演技上手なだけだ。そんな気がする。同じ白でも、どこにいっても、カモメはカモメだ。そんな気もする。

ジョンとミクピは銃のボルトをほぼ同時に引く。ベルーガは地を這うように、尾びれを器用に動かしながら、水中を泳ぐ。動く。いや、そんな主体的なもんじゃない。ジョイドが操作するボートによって、泳がされている、といったほうが正しいだろう。十五頭ほどのベルーガの群れは散る。一頭はボートとは逆方向に向かい、もう一頭は泳ぐ速度を緩める。大きなこぶのようなおでこの下にある目で、チラチラとこちらの様子を伺いながら、優雅に泳いでいるやつもいる。ジョイドは一番大きそうなやつに狙いを定め、ボートを走らせる。

「アティ（いけ）」

ジョイドが大きな声で叫ぶ。ふたりのイヌイットの若者の銃が鳴く。不安定なボートの上で、銃口が定まらない。銃弾は水飛沫《しぶき》をあげるだけ。金色の銃弾が一発、一発と発射されるごとに、ベルーガが一頭、また一頭と視界から消えていく。ジョイドが狙いをつけた一頭以外はみなどこかにいってしまった。浅瀬から沖へ。水中にくっきりとみえた白が薄らいでいく。ふたりの銃の腕前が悪いのか、ベルーガの動きがいいのか、銃弾は一向にあたらない。狙いをつけたベルーガもとうとう水面からはみえなくなった。

「Ｓｈｉｔ（くそ）！」

ジョイドの口から思わずこんな言葉が飛び出す。ジョイドは左手にハンドルをもったまま、座席に立ちあがり、周囲をみまわす。ジョンとミクピは次の決戦に備えて、銃弾を込める。ぼくも周囲をみまわす。どう考えても、そんなに遠くにはいっていないはずだ。最初に発見の報をしたボートからも銃声は聞こえてこない。捕まえたのか、みうしなったのか。ぼくらの位置からでは確認できない。島から三十メートルほどのところにボートを浮かべて、みんなであたりを探す。左手の腕時計をみる。ベルーガがみえなくなってから、二十秒ほどか。時計から目を離し、何気なく左手後方をみると、白い背中がひょっこりと波間にみえる。ボートからの距離およそ二十メートル。ぼくは指で方向を示し、テーカ、テーカ、と必死に叫んだ。三人ともそちらの方向を瞬時にみつめた。ジョンとミクピはとっさに銃を構えたが、もう遅い。尾びれはゆっくりと水中に吸いこまれていく。ジョイドは両膝を座席につけ、ぼくが指差した方向へボートを走らす。三十秒から五十秒水中を泳いだのち、ほんの二、三秒水上に姿を現す。浅瀬で彼らの姿がはっきりと確認できるうちに決着をつけないと、ベルーガ猟は長期戦になる。最初に発見するまでも双眼鏡か肉眼でひたすら探すしかない

ので一苦労だが、みうしなってしまうとまた同じ作業の繰り返し。

ベルーガはぼくらをおちょくっていたんだと思う。ボートから十メートルから二十メートル離れたところで背中を水面にだしたと思ったら、また水中へ。何十回とその行為を繰り返しながら、静かに、ゆっくりと、沖にでていく。ふたりの若者はいたずらに銃弾を消費する。

極北の空に長くつづく雲たちは白から赤へ。海の表面は赤く照らされながらも、なかは薄暗くぶきみになっていく。ベルーガとの格闘がはじまってから一時間半。他のボートはベルーガを捕らえることができただろうか。いや、そんなの関係ない。ぼくらは目のまえにいる薄ら笑いを浮かべた白い哺乳類を追いかけるだけだ。気づけば、ビック・アイランドははるか遠く極北の海に寂しく浮かぶ。薄ら笑いを浮かべた白いヤツも十五分ほどみかけない。無線機に他のボートからの声がする。そろそろお家に帰ろうか、無線機でみんなはそんなやりとりをしている。

「わかった。ぼくらはまだいるから」

ジョイドは無線機の声に、ただ一言、つぶやいた。目を凝らしてみると、赤く染まった極北の海に米粒ほどのボートの影がゆっくりと動いている。みんなはベルーガをあきらめて、リトル・ナヌークへとボートを走らせていた。ジョイドにあきらめる気配は感じられない。無駄にガソリンと銃弾を消費させて、手ぶらでリトル・ナヌークに帰るわけにはいかなかった。だが、ベルーガの気配は感じられない。ボート上は焦燥感と疲れが交錯し、なんとも嫌な空気になっていた。ふたりの若者は無言で遠くをみつめている。ぼくは目を瞑《つむ》る。波に揺らされているボートの振動を体中で感じる。凍てる風が肌をさす。八月下旬といえども、海上は寂しく、ひんやりとしている。目を瞑《つむ》りながら、ジャケットのフードを頭に覆う。待って、待って、待つ。ぼくのなかの冷たい血液がゆっくりと流れ、思考も遅くなる。パーン、パーン、心臓と頭のあいだでなにかが破裂する音がする。ぼくの体内のなにかが破裂する音ではない。ジョンとミクピの銃口が破裂する音だ。目を開けると、白い影が水中にみえる。ベルーガはもどってきたようだ。ふたりの銃弾はあいかわらず命中しない。ミクピ、かわれ、ジョイドはそう言うと、ミクピから銃を取りあげた。ボートの先端にいるミクピは銃をジョイドにわたし、のけぞりながら、ボートのハンドルを握る。ボートは一瞬左右に大きく揺れ動く。ジョイドは運転席のうえに立つ。ジョイドの隣に座っているぼくはとっさにジョイドの足を支える。ジョイドは右目で銃のスコープを覗きこむ。ボートから十五メートルほどのところでベルーガの頭が海面にあらわになる。一瞬の出来事だった。ジョイドが放った銃弾は頭にみごと命中した。今まで優雅に海上と海中を行き来していたベルーガは実に奇妙な動きをした。尾びれは空中に一瞬でたのち、水中に。頭からは鮮血がほとばしる。老練なハンターのみごとな一撃だった。ジョイドは運転席に座りなおし、ベルーガのほうにボートをやった。

「ジョン！」

沈みつつある太陽に届こうかというくらいのジョイドの大声。ボートの先端にいるジョンは赤い

ガソリン・タンクを左手にもち、右手には細い木の先端に鋭い刃がついている手製の銛を握りしめた。ベルーガはまだ動いている。頭から流れでる血は、海のなかにきれいな赤い道を描く。もう潜る元気はないようだ。ジョンは銛を力いっぱい海へ投げいれる。その先は白い哺乳類。銛先と反対側の木のお尻には紐がついており、その紐はスルスルと海に引きこまれていく。紐のいく末は赤いガソリン・タンク。赤いガソリン・タンクは海に放りだされ、ユラユラと浮かぶ。勢いのついたボートはベルーガと距離を置く。ボートとベルーガの距離約二十メートル。沈みかかった太陽は海を赤く染め、ベルーガの生血も蒼を赤く染める。赤く染まった海には赤いプラスチック製のガソリン・タンク。プラスチック製の赤い容器は海上で少し動き、五秒ほど海中に沈む。ぼくら四人は赤い容器を注視する。赤い容器は微動だにしなくなった。ボートをゆっくりと赤の発信源へ走らせる。ジョンとミクピは水をかすかに含んだ白い布製の紐をひっぱりあげる。ぼくも紐に手をやる。薄赤黒い水中に白が浮かびあがる。ふたりは苦戦しながらも、尾びれをボートにくくりつける。ジョイドは煙草に火をつけたあと、ボートを近くの海岸へとやった。

海岸に着くと、ぼくとジョンとミクピはベルーガを海岸の小石のうえにひっぱりあげた。ジョイドはボートのなかから刃わたり十センチメートルのナイフと十五センチメートルのナイフをジョンとミクピに手わたした。ふたりは白い皮にナイフをいれていく。白い皮の下にはピンク色の厚い脂肪がみえる。ベルーガはきれいに皮だけ剥がされていく。皮といってもかなりの重みがあるため、横型の長方形型に片手でもてるぐらいの一定の大きさで切り取られていく。片面を剥がしおわると、みんなでベルーガをひっくり返す。骨と肉とわずかな脂肪のついたベルーガの体内はかすかに動いている。体内に手をやると、ぬくもりが手につたわると同時に手はあぶらでベトベトになる。筋肉のかすかな動きも感じる。満潮なのか、潮の満ち引きが早い。解体をはじめたときは丸々でていたベルーガの体が水につかりはじめる。頭に目をやると、弾丸の痕から血がまだ流れでている。なめらかなウェーブを描く口は海につかり、まるで海水を飲んでるかのようだ。薄ら笑いを浮かべているというよりも、やさしく微笑んでいるように感じる。ジョンはあぶらぎった手で黙々とベルーガを切り刻んでいく。ミクピは尾びれと手びれを切り取っている。水位はどんどん増してくる。ぼくは剥がされた五キロほどのベルーガの皮の一片をボートのなかにいるジョイドに手わたす。ジョイドはボートの後部に敷かれた青いビニール・シートの上にベルーガの皮を積みあげていく。運動靴に容赦なく冷たい海水が入りこんでくる。ベルーガは白い頭の部分を除いて、身ぐるみをはがされたかのように、ピンク色の脂肪と赤い肉だけにされる。こうしてみると、極北の海を果敢に遊泳するベルーガは厚い脂肪の服を着ていたのがよくわかる。ジョイドは腰につけた小型ナイフを手にとり、ベルーガの皮をつまみ食い。脂肪部分を取りのぞいたベルーガの皮部分はマクタックと呼ばれ、みんなに好んで食される。ジョンもベルーガの皮を三センチメートルほどの正方形に切りとり、ナイフで十文字型をいれ、口にいれる。昼間、ぼくの胃を苦しめたベルーガではあるが、うまそうに食べるふたりをみて、思わず生唾が喉を通る。水位があがり、波によって揺れ動かされているベルーガの皮を、ぼくとミクピはすべてボートに載せ、マクタックを食した。かすかに海の塩味がついたマクタック。よし、いくか、というジョイドの合図でぼくらはボートに乗りこんだ。海岸からゆっくりとボートは離れていく。海岸には、皮をきれいに剥がされたベルーガがこちらをみつめている。上空には数十羽のカモメが集う。

太陽はもうすでに沈んでいる。無言のボートは暗闇を駆け抜ける。ゆうに十二時間を越える猟でよれよれになって村に帰ると、先に猟から帰った人たち、マイケルとメイリーンなどがボートの周囲に集まってくる。こんなに遅くまで大丈夫だったか、どれどれ、おお、ベルーガを捕まえたのか、と言いながら、マイケルはボートからベルーガの肉片をおろす。みんなで猟の喜びと獲物を共有する。

ところで、ぼくらは大事なわすれものをしていないだろうか。モーターの横に置かれ、ぼくらのだれかがもっていたはずの子アザラシのことを。極北のタマちゃんは広大な極北の海のどこかを彷徨っている。

猟　カリブー

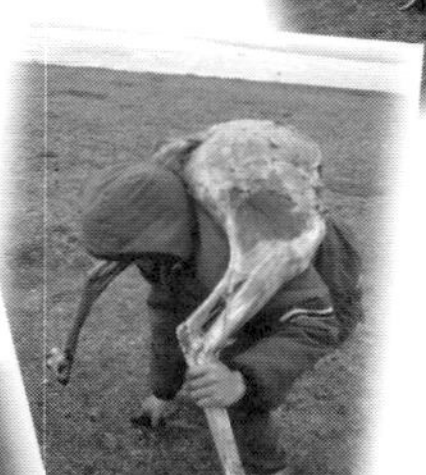

漁　ホッキョクイワナ

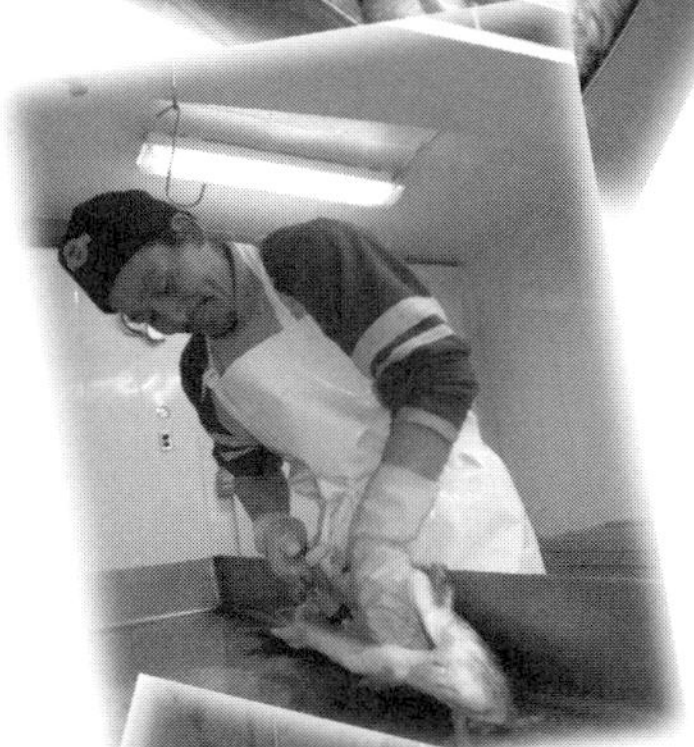

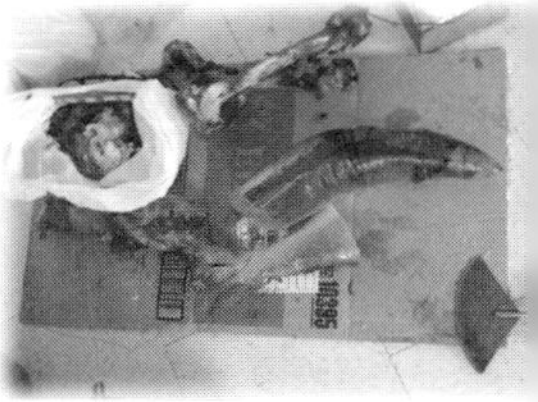

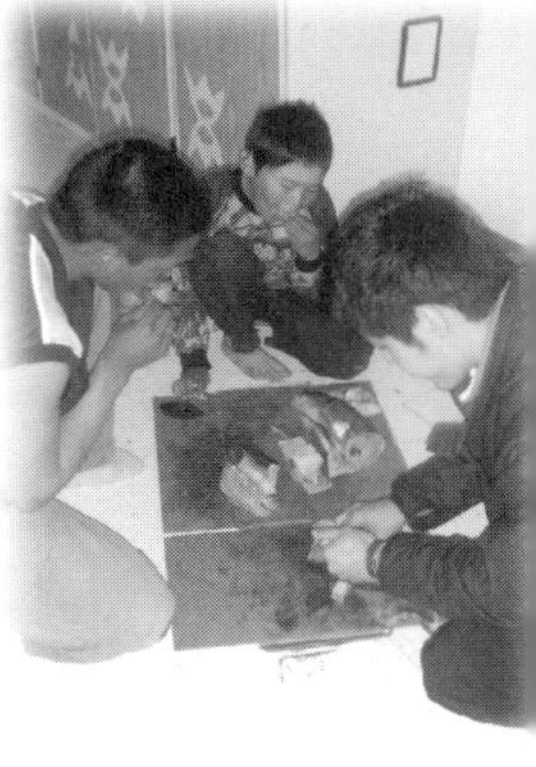

酒

はじめて酒を飲んだのはいつのことだろうか。家で親父が、ちょっとビール飲んでみるか、とぼくにすすめたのは遠い昔だ。そう、あれはひょっとすると小学生のころだったかもしれない……この〝酒初体験〟ではなくて、未成年のとき、友人たちとドキドキしながら、居酒屋やカラオケに入って、はじめて酒を飲んだのはいつだったたっけ?

高校生のとき、よく上野でカラオケをしながら、一晩中飲んだものだ。あのときはビールの味なんてわからなかった。まずいながらも、最初の一杯目はビールで乾杯だ、なんて固定観念があった。そのあとはジュースで割った酒を飲みつづけた。高校時代、ビールをうまそうに飲む友だちが随分大人にみえたものだ。

酒を飲んで盛りあがれば、それでよかった。不毛なイッキ、イッキを繰り返して味がわからない酒を飲んでは吐いた。そしていろんなことをみんなで話した。彼女が浮気したとか、おれはあの先公が嫌いだとか、あの娘《こ》はいやらしいとか。でも、ぼくが本当にあのとき一番飲みたかったのはコークなんだよ。

午後十時。ぼくは部屋で日本からもってきた『フライデー』を読んでいた。『フライデー』のグラビアをみているると、部屋のドアが勢いよく開いた。ドアのまえにはミクピ、ジョン、ドルトルの三人が立っていた。

「なに読んでるの？」

「日本の雑誌だよ」

ミクピにそう答えると、彼はぼくのマットレスに転がり、ぼくから『フライデー』を取りあげた。

「これってどうやって読むの？」

「どういう意味？」

ミクピはジェスチャーで左から読むのか、それとも右からページをめくるのか、と聞いてきた。こうだよ、とぼくは右からページをめくった。ミクピはしばらくページをめくり、女の裸体が載っているページで手を止めた。手招きでジョンとドルトルを呼び、三人でなにか言いながら、しばらく女の裸体をみていた。

「これもらっていい？」

「いいよ」

ミクピは『フライデー』を自分の部屋にもっていき、どこかにおいたあと、ぼくの部屋にもどってきた。

「ねえ、いいじゃん」

「なにがいいんだよ」

「だから、今日にしようよ」

ジョンはしきりにぼくになにかを要求してくる。

「おいらたち、めったにそんなチャンスないんだよ。だから頼むよ」

ミクピは掌をあわせ、ぼくを拝む。

「じゃあ、とりあえず、ちょっとみせてくれない？　まだおれみてないんだよ」

ドルトルのその言葉にぼくはバッグから「ＳＭＩＲＮＯＦＦ ＶＯＤＫＡ」と印字されたラベルが貼られている透明の液体が入った瓶を取りだす。

「おお、すげえ。はじめてみたよ、こんなの。ヒヅキ、これどこで買ったの」

「空港だよ」

ドルトルはウォトカの瓶に頬擦りしながら、すげえ、すげえ、と繰り返す。ジョンはドルトルから瓶を取り、栓のところをクンクンと嗅いでいる。ミクピは今にも涎を垂らしそうな顔をしながら、ボトルの底辺をさすっている。

「ねえ、本当に一生のお願い。これみんなで飲もうよ。おいらこんなチャンス滅多にないんだよ。ヒヅキも知ってるでしょ、ここはドライ・カントリー（注21）だよ。お酒なんて飲めやしない」

「マイケルにはもらえないの？」

「だって、マイケルけちだもん」

ここに来たとき、ぼくはマイケルにサントリーのウィスキー「膳」をお土産にあげた。マイケルはウィスキーが好きらしく、とても喜んでいた。無口で気難しいマイケルがとてもうれしそうに笑っていたのが印象的だった。彼らはその光景をうらめしそうにみていた。そのとき、ミクピはぼくが部屋にもう一本ボトルをもっているのをみていた。


午後十一時。三人はまだぼくの部屋にいる。ぼくの顔をまるで路地裏で餌を求めている子猫のような目でみつづけている。ジョンは鼻息荒く爪を噛みながら、ぼくをみている。ドリトルはカーリー・ヘアーを両手の指先で触っている。ミクピは帽子を何度もかぶりなおしている。ぼくはマットレスに横になりながら、三人の様子をみている。

「わかったよ。そのかわり、絶対にみんなに秘密だからな。親にも、友だちにも、彼女にも言うなよ。あと、もう一点、飲むのは半分だけだからな。約束しろよ」

ぼくがそう言うと、三人は顔をみあわせた。ミクピの憮然とした表情はやわらいだ。ジョンは二コニコしながら、噛んでいた爪のほうの手でぼくの腕を軽くゆすった。爪を濡らしている唾液がぼくの左手についた。

「それじゃあ、いこう、いこう」

ドルトルはせかすように言う。部屋には青と黒のリバーシブルのジャンパーがある。ぼくはそれを黒にして着る。黒いニット帽に黒いズボン。黒いリュックサックにウォトカのボトルをいれる。黒いカメラをもち、暗い部屋を四人ででる。

「どこいくの?」

メイリーンがリビングでテレビを眺めながら言う。

「外だよ」

ミクピが玄関で靴をはきながら言う。

「なにするのよ?」

「ぶらぶら」

「雨が降ってるのに?」

ミクピはその問いには答えず、そそくさと家をでる。メイリーンはぼくの顔をみている。

「ヒヅキもいくの?」

「いくよ」

ぼくではなく、ジョンが答える。

「ねえ、わたしとパティ（157頁参照）やりにいかない？」

メイリーンは右の掌で左の拳をパンパンとやりながらぼくに言う。いかないよ、ジョンがまたぼくのかわりに答える。

「今日は全身黒なのね」

「そうだね」

そう言って、ぼくは家をでた。


小雨のなか、ぼくらは歩きだした。雨に濡れないようカメラをジャケットのなかにいれる。ドルトルが頭に巻いた赤と白のバンダナが水を含んでいく様子がわかる。

「どこで飲むの？」

「いつもの場所だよ。いけばわかるよ」

ジョンはそう言いながら、黙々と歩く。

ヘルス・センターの裏に使われていない空き家がある。青い壁に白いドア。窓は割れており、厚いビニール状のもので覆われている。壁のペンキはところどころはげている。ジョンはここだよ、と言いながら、ドアのほうへ近づいていった。そして、キョロキョロとまわりをみまわした。ミクピはだれもいないよ、というふうに手首を振り、首を横に振る合図をジョンに送る。ジョンはその合図をみると、半分開いたドアを蹴飛ばした。ドアは恐怖に震える人間が発するうめき声のような音をだしながら開く。ジョンはライターで火をつけてなかに入っていく。ドルトルがつづき、そのあと、ぼくとミクピが入る。

暗闇のなか、ジョンのライターの青白い炎だけが輝く。ジョンは奥の部屋から手招きをしている。ぼくら三人は奥の部屋へ向かう。部屋に入ると、さっき外からみえた窓がある。窓を覆っているビニール状のものには無数の水滴がしたたっている。雨音はだれかが泣いているかのように聞こえる。ジョンはぼくら三人が部屋に入ったのを確認すると、ライターの火を消した。三人の顔はまったくみえない。

「じゃあ、はじめようか」

「いいか、半分だけだからな」

ぼくはそう念を押し、リュックからボトルを取りだした。

「ねえ、おれに開けさせてくれない?」

「ドルトル、それは駄目だよ。開けるのはヒヅキの役目だよ。ヒヅキがもってきたんだから」

「いいよ。おまえが開けなよ」

ぼくはドルトルにボトルをわたす。ドルトルはボトルの栓を大きな手でゆっくりと開ける。開けるとすぐに注ぎ口の匂いを嗅ぐ。

「おい、待てよ。まだ飲むなよ。最初はヒヅキだからな」

「わかってるよ」

ミクピのその言葉にうながされてドルトルは、ぼくにボトルをわたす。ぼくはボトルを左手にもち、みんなの顔をみわたす。暗闇に目が慣れたのか、みんなの顔がうっすらとみえる。みんなが笑っている。ぼくが最初に飲んで、自分にボトルがまわってくるのを待っている。ぼくはボトルの口に乾いた唇をつけた。少量、口のなかに入れた。喉が焼けるように熱くなる。どうだ、うまいか、とミクピが聞いてくる。ああ、うまいよ、ぼくはそう答えると、ドルトルにボトルをわたす。ドルトルはぼくより三秒ほど長くボトルに口をつけ、二回ほど喉を振るわせた。それをみていたジョンは、おまえ、飲みすぎだぞ、と口をつぼめて言う。ボトルはジョン、そして、ミクピへ。ぼくのところへは三十秒ほどでもどってきた。ジョンは酒に弱いのか、一口で目を真っ赤に充血させているのが暗闇のなかでもわかる。ボトルはもう一周して、白い長方形の机の上におかれた。ぼくは煙草に火をつけた。三人とも煙草をくれ、と言ったのでぼくはみんなに煙草をまわす。

「ヒヅキ、本当にありがとう、ありがとうな」

ジョンはもうすでに舌がこんがらがっている。ミクピはヘラヘラとにやついている。ドルトルがそんなふたりの様子をみながら言う。

「おまえらもう酔っぱらったのか？　まだすこししか飲んでないのに」

「まだまだ酔っぱらってなんかないよ」

ミクピは足元も少々ふらついている。ジョンは部屋の隅にいき、小便をしている。黄色い匂いが鼻につく。

「ヒヅキ、おいらがどんなふうにこの村で思われてるか知ってる？」

「なにが？」

「みんなこの村のやつらはおいらのこと怖がってるんだぜ。おいらニガーの血が入ってるからな。なにするかわかんないってんで、みんな怖がってるんだよ……ニガー・エスキモーなんだ、おいら」

「ニガー？　エスキモー？」

「そうだよ。おいら、ここではブラック・イヌイットなんだよ」

ジョンはニガーをブラック、エスキモーをイヌイットと言い直した。

「ミクピの顔みてみろよ。こいつの顔、こんなに黒いだろ。ドルトルの髪の毛、みてみろよ。こいつなんて典型的なニガーの髪の毛だよ」

ジョンはブラックをまたニガーと言い直した。ドルトルはもう一杯もらうね、と言い、ボトルを机の上からとる。

「おいらたち兄弟はマイノリティーのなかのマイノリティーなの……ニガー・エスキモーなんだ」

　ジョンはそう言うと、窓のほうをみて、壁際にゲロを吐いた。部屋のなかにはジョンのゲロと小便の匂いが充満している。透明な液体がついた口を手で拭いながら、ジョンはドルトルからボトルを取ろうとした。

「吐いたやつはもう飲むなよ。もったいないだろ」

　ミクピは白い歯をみせながらそう言うと、ドルトルの手からすばやくボトルを横取りした。ボトルの中身は半分ほどになっている。

「もう約束の半分だからおわりね」

　ぼくはみんなをみまわして、ボトルをミクピの手から奪った。

「ねえ、最後に、お願い」

「だから、おまえは飲んでもすぐだすだろ。駄目だって。ヒヅキ、おれにちょうだいよ。おれ、まだこのぐらいじゃあ、酔っぱらえないんだ」

　ドルトルは顔のまえに右手の人差し指を立てながら、言う。じゃあ、最後だよ、ぼくはそう言い、ドルトルにボトルをわたす。

「おまえばっかさっきから飲んでないか？　ずるいよ、おれにもくれよ」

「わかった、わかった。ミクピも飲みな」

酒

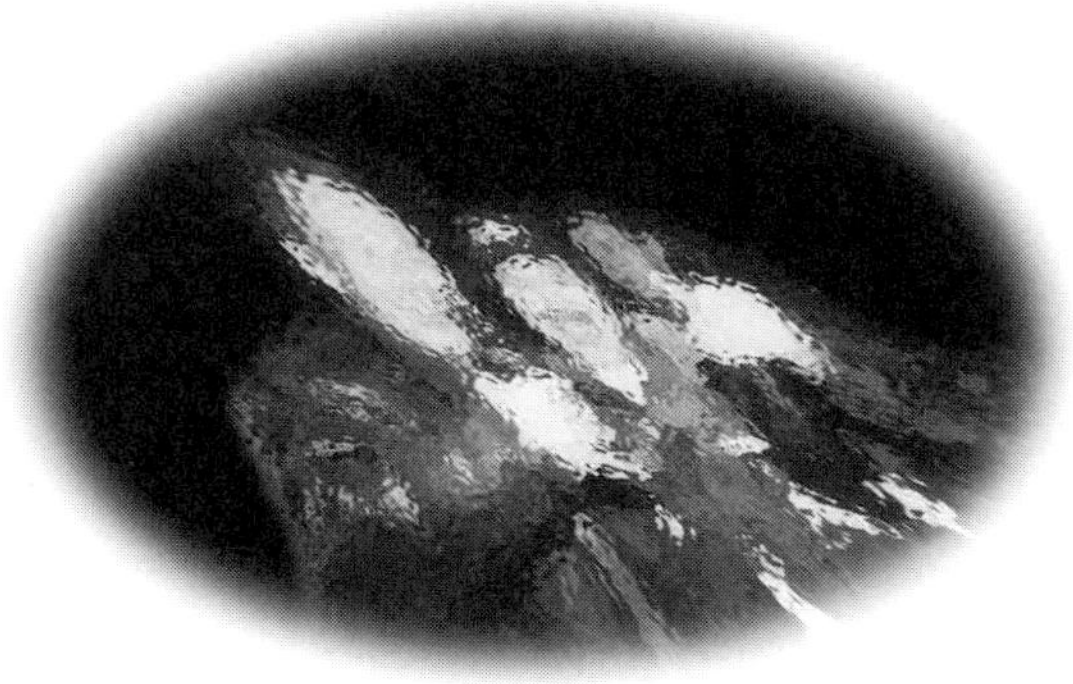

ドルトルが飲み、ミクピが飲む。それをジョンはうらやましそうにみている。ミクピからボトルを受けとり、ぼくはリュックに入れた。

午前零時四十五分。雨が激しく降っている。ぼくはジャンパーのフードを頭にかぶった。家に帰ることなく、雨が降るなか、ぼくらは村を徘徊《はいかい》していた。

ぼくは歩きながらジョンに言った。

「さっきのニガー・エスキモーだけど、あんな言い方、するなよ……おまえ、こんな話、知ってるか？」

ぼくは、ここに来るまえに、ここからずっと南のオンタリオ州の森のなかに住むオジブワ族の村(注22)にちょっと立ち寄ったことがあるんだ、そこで聞いた話だけど、一九五〇年代にひとりのアフリカ系アメリカ人だかカナダ人だか……どっちの国籍をもっているのか忘れたけど、とにかく肌の黒い人がその村に住みこんだんだってさ……村人にとっては、その人がはじめて身近に接するガイジンだったんだって……たしか、村の女性と結婚したって話だったな……そんでね、みんなで彼に言ったんだって……『おまえは、われらの村にはじめて住みこんだホワイト・マンだ』って……みんな、大笑いだったたって」

「その話のどこが面白いの？」

酒

ジョンは怪訝《けげん》な顔をしてニコリともしなかった。

「………」

「ちっとも面白くねえよ、そんな話」

ジョンは真顔で繰り返した。

外を歩いていると、いつもならだれかしらに会うが、今日はだれも外にいない。雨音と波音と水を含んだ砂利を踏むぼくらの足音。そして、だれかがすすり泣く音。うしろをみると、ミクピが泣いている。

「雨が目から降ってるよ。なにか悲しいことでもあったのか？」

「ううん、泣いてないよ」

ミクピは手で目をこすりながら言う。ミクピのその言葉を聞き、まえを歩いていたジョンがミクピにイヌクティトゥト語でからかうようになにかを言う。ミクピはそれを聞いて、ジョンに小走りで近寄っていく。ふたりはなにか口論をはじめた。ぼくの横ではドルトルがウォークマンで音楽を聴きながら、リズムよく体を上下に動かしている。ぼくは指でドルトルの胸元をつっつき、なにを聴いてるの、と唇をゆっくりと震わし、声をださず、訊ねた。ドルトルはぼくの耳にヘッドホンをつけた。

「アイム・アン・アスホール、ユアー・マイ・アスホール……」

そんな言葉を情熱的にうたう男性の声が聞こえてくる。ドルトルは右手でぼくの耳からヘッドホンを取りながら、いい歌だろ、と左の親指を立て、左目でウインクしながら言った。

雨はますます強くなる。ミクピの瞼《まぶた》からも激しく涙が落ちる。ジョンはミクピを完全に泣かしていた。

「ジョン、ミクピを泣かすなよ」

「ちがうよ、ヒヅキ。こいつが勝手に泣いたんだよ」

「こいつが、こいつが……」

ミクピは咽《むせ》び泣きながら言う。

「こいつクルに振られたんだぜ。アレフに寝取られてやんの。情けないったらありゃしない。女に振られたぐらいでメソメソしやがって」

ジョンはケラケラと笑いながら言う。

「ドルトル、ドルトル」

ミクピは嗚咽の大声でドルトルになにかを訴える。ドルトルはその声に気づき、ヘッドホンを取る。

「ジョンに言ってやってよ。ドルトルは知ってるだろ、クルはアレフとやってないよね？」

ドルトルはジョンにイヌクティトゥト語でなにか言う。ふたりはなにか激しく言いあい、取っ組みあいになりそうになる。ぼくはふたりの仲裁に入る。

「今日はもうやめよう。みんな酔っぱらってるから。家に帰ろう。雨も強くなってきたしさ」

ぼくの言葉にふたりは言いあいをやめた。

ぼくらは学校のまえの道路を歩いていた。学校のまえには建設中の青い建物がある。話を聞いたところによると、この建物は警察署らしい。この村には警察官がまだいない。ぼくらは今晩、この青い建物のまえを何回通っただろう。思いだせない。

ぼくとミクピは一緒に帰った。ドルトルも自分の家に帰った。おれはまだ帰らない、と言い、ジョンは雨のなか、暗闇に消えていった。

部屋に帰ると、ぼくはマットレスに転がり、毛布にくるまった。頭が痛く、寒気がする。もう眠ってしまおうと思い、瞼《まぶた》を閉じる。ぼくの目のまえには暗闇が広がる。暗闇のなか、まんなかにすっぽり穴が開いた海月《くらげ》が二匹泳いでいる。海月《くらげ》には男と女の区別があるのかな、それはどうやってみわけるんだろう。一匹の海月《くらげ》は左の瞼《まぶた》に、もう片方は右の瞼《まぶた》にいる。左の海月《くらげ》は左耳のほうに、右の海月《くらげ》は右耳のほうにとぼくの瞼《まぶた》から消えていった。

そういえば、海で海月《くらげ》をみたのはいつが最後だろう。ぼくは無性に海月《くらげ》がみたくなった。日本に帰ったら、湘南の海にでもいって、コークでも飲みながら、海月《くらげ》でも眺めよう、九月だったらまだいるはずだ。

廊下からミクピのすすり泣く声がまだ聞こえてくる。

翌朝、ジョンはお父さんのジョイドになにか言われて不機嫌そうな顔をしていた。ジョンの顔には引っかき傷がある。話を聞くと、どうやら、学校でアレフを殴ったらしい。ミクピの悲しみを代弁したみたいだ。

盗人《ぬすっと》

「神を信じるか？」

「信じるときもあれば、信じないときもあるかな」

「おまえのなかに神はいるのか？」

「わからない」

「じゃあ、どこにいる？」

「雲の上にでもいるんじゃない」

ぼくとジー・ジーはそんな話をしながら、魚類加工所《フィッシュ・プラント》に向かって歩いていた。

「日曜日は好きか？」

「？」

「おれは日曜日が嫌いなんだよ。だってみんな聖書をもって、教会にいって祈るだろ？　ああいうの、虫ずが走るんだよ。神なんていないんだよ、この世に」

ジー・ジーは口髭を触り、長髪を振り乱しながら言う。

彼の本当の名前をぼくは知らない。みんなが彼をジー・ジーと呼ぶので、ぼくも彼をジー・ジーと呼んでいた。ジー・ジーはぼくのひとつ年下の二十歳。彼はメイリーンのお父さんの再婚相手の子ども。よくぼくらの家にいる。彼についてはそのぐらいのことしか知らないが、これが本当のことかどうかもわからない。

「デビルを信じるか?」

「神がいるとしたら、デビルもいるんじゃない」

「おまえの目のまえにいるよ」

ジー・ジーは甲高い声でヒヒヒと笑いながら言った。ジー・ジーはぼくの黒いニット帽を取り、笑いつづけた。ぼくも彼の大麻のマークがついている黒のニット帽を頭から取ってやった。彼は頭のサイドを刈りあげていて、うしろ髪は肩にかかるほど伸びていて、ウェーブがかかっている。ぼくらはニット帽をおたがいに取りかえ、かぶった。

「ヒヅキはデビルになりたいか?」

「おれは今のままでいいや」

「いいよ、遠慮するなよ。おれが今からサタンに頼んでやるから」

ジー・ジーはそう言うと、空に向かって大声で、サタン、サタンと何回も叫んだ。犬小屋にいた黒い犬はこっちをみて吠えた。空から返答はない。

「サタンは雲の上にいるの？」

ジー・ジーはぼくに構わず、空に向かってサタン、と叫びつづけた。

「昼だからサタンはまだ寝てるんじゃない。だいたいそういったものって夜に活動するんだろ。もし起きてたとしても、おれらの真上にいるとはかぎらないじゃない。世界は広いんだから、ジー・ジーの声は聞こえてないかもしれないよ」

「静かにしろよ。おれはいつもこうやってサタンと話してるんだよ」

買い物袋をもった五十代ぐらいの白髪の女性は、なにも聞いてないかのような顔をして、ぼくらの横を通りすぎた。ジー・ジーは空に向かってなにかブツブツ言っている。

「サタンに頼んでくれた？」

「頼んだよ。おまえは今からデビルだ。サタンがちゃんと言ってたよ」

ジー・ジーはうすら笑いを浮かべながら、かすれた声で言った。サタンはぼくをデビルにしたのだろうか。ぼくにはサタンの姿もみえなかったし、サタンの声も聞こえなかった。

リトル・ナヌークの魚類加工所《フィッシュ・プラント》は六月ごろから八月末まで、ホッキョクイワナが捕れるときに開いている。地元の漁師から買い取ったホッキョクイワナを加工し、近くのもっとも大きな村に送る。ジョンとジー・ジーはよくこの魚類加工所《フィッシュ・プラント》で働いていた。

ジョンは黒いまえかけをし、黒い長靴を履いている。天井にはいくつもの腹を裂かれたホッキョクイワナが、口に金具のようなものをつけ、吊るされている。皮の模様がときに人間の目の玉にみえる。無数の目がぼくをみる。

隣の部屋では、ジー・ジーがカップに濃いコーヒーをいれている。コーヒーにこれでもかこれでもかというぐらいたくさんの砂糖をいれる。指で軽くコーヒーのなかをかき混ぜて、指についた薄黒い液体を舌で舐める。おちょぼ口でコーヒーを胃のなかにいれる。ジー・ジーがコーヒーを飲んでいる側の椅子には魚類加工所《フィッシュ・プラント》のオーナーらしき人物が座っている。青いキャップに黒い縁の眼鏡をかけ、イヌクティトゥト語の新聞（注23）を読んでいる。

ジョンは青い大きな箱から乱雑に入ったホッキョクイワナを取りだしている。流し台の上にある白い板の上にホッキョクイワナをおき、ナイフで腹を切り裂いては、臓器を取りだしている。魚の血が手につく。

「いつもここで仕事してるの？」

「夏のあいだだけね。バイトみたいなもんだよ」

ジョンは黙々と魚の腹を切りつづける。

「学校はもう卒業したの？」

「してない」

「ジョン、いくつだっけ?」

「十九歳」

「学校はいかなくていいの?」

「さあね。でも面倒だからいってない」

こいつはもうほとんど辞めたようなものだよ、そう言いながら、ジー・ジーが隣の部屋から入ってきた。

「おまえよりはマシだよ。おれは中三までいったからな」

ジョンはムッとした顔をして、ジー・ジーに言った。

「ジー・ジーは?」

「おれは幼稚園以来いってない。サタンがいかなくていいって言ったから」

ジー・ジーはコーヒーを啜り、ニヤついた。

「ヒヅキ、こいつの言うこと聞かないほうがいいよ。頭、おかしいから」

ジー・ジーは目の玉を左右に動かし、低い声で、ヒヒヒ、と笑いつづけた。

ぼくは魚類加工所《フィッシュ・プラント》をでたあと、村をぶらぶらして家に六時ごろもどってきた。メイリーンとマイケルは仕事から帰宅し、リビングでテレビをみていた。メイリーンはぼくが帰ってきたのに気づき、ぼくのほうを軽くみて言った。

「ご飯まだでしょ。適当にそのへんの食べなさい」

ぼくは冷蔵庫からベトベトしたスーパーの袋を取りだす。その袋からあぶらぎったベルーガの生肉の一片をつまみだして床においてあるダンボールの上にのせる。流し台の横においてあるナイフを取り、白い皮についた淡いピンク色に近い脂肪をナイフで切り取る。煙草の箱ほどの生肉を十文字に切りつけ、塩を振り口にいれる。手はあぶらで禿頭のような光を放っている。

床にはもうすこし大きめのダンボールがおいてある。その上には解凍済みの黒ずんだカリブーの尻がおかれている。尻尾には毛がまだついている。赤い肉部分をみると、ところどころに白茶の毛がついている。尻の穴に近い部分の肉をナイフで削ぎ落とす。手には薄い肉汁がつく。これにも塩を振り、口にいれる。カリブーとベルーガの生肉を交互に口にいれる。

腹いっぱいになったあと、ぼくはリビングでメイリーンたちと一緒にテレビをみていた。メイリーンは落ち着きなく、衛星チャンネルを次々とかえていく。メイリーンは手を休める気配はない。マイケルは爪を噛みながら、ただテレビの画面をみている。ぼくは画面に退屈になり、部屋にもどる。

みんなで酒を飲んでから二日が経っていた。ぼくはなんとなくボトルを眺めてみようと、リュックのなかに手をやった。ボトルは半分ほどのこっている、はずだった。半分どころか、ボトルはどこかに姿を消してしまっていた。ボトルに足がある、はずはない。ぼくがどこかに移動させないかぎり、どこかにいくはずがない。ぼくは上着を着て、リビングにいった。

「メイリーン、ミクピどこにいったか知らない？」

「知らないわよ」

靴を履き、ぼくは外にでた。


ぼくはミクピを捜しに体育館にいった。体育館まえにある階段にミクピが座っている。ミクピは煙草を吸いながら、なにかをみていた。みつめる先にはジョンとケイトがいる。ぼくはミクピに話しかけた。

「ねえ、二日まえにみんなで飲んだじゃない」

「飲んだね。まだボトル半分のこってるでしょ？　あれ飲もうよ」

「それなんだけどね、おれのリュックのなかにないのよ。どこいったか知らない？」

「え、ヒヅキ、全部あれひとりで飲んじゃったの？　ずるいよ」

「ちがうよ。本当にないんだって」

「知らないよ。それよか、あれみてみなよ」

ミクピは煙草の先でジョンとケイトのほうを指しながら言った。ジョンは壁際にケイトを追い詰め、壁をガンガン叩きながら、ケイトになにか言っている。

「どっちなんだよ」

「なにがよ？」

「だから、おまえさ、おれとあいつのどっちが大事なんだよ」

ケイトは訳がわからない、といった表情をし、力なく座りこんだ。

「このクソヤロウ。おまえ、あの村で浮気しただろ。ふざけんじゃねえぞ」

「だから、なにもしてないって。ただ、野球の試合の応援でいっただけだって」

「とぼけんなよ。おれは知ってるんだよ」

ジョンはそう言いながら、ケイトの背後にある黄色い壁を三回蹴った。ジョンは足元がふらついている。

「だから……」

ジョンの言葉は英語からイヌクティトゥト語にかわった。ジョンは目にうっすらと涙を浮かべている。呂律《ろれつ》がまわっていない。壁を左手の拳で二回、思いっきり叩く。拳にはうっすら血が滲んでいる。ケイトはしゃがみこんだまま、体育館のまえにある黄色いブランコをみていた。ジョンがなにか言いつづけているのを無視するかのように、黄色いブランコをみつづけていた。

「どうしたの、ジョン。荒れてない？」

「知らない」

ミクピは素っ気なく答える。ジョンは左目でぼくのほうをみた。左右に体を揺らせながら、千鳥足でぼくのほうにやって来て言った。

「ヒヅキ、あのさ、その、ボトル半分のこってたでしょ。あれ盗んだのおれなんだ。本当にごめん」

「そうなんだ」

「でもちゃんと返すつもりだよ。週末には魚類加工所《フィッシュ・プラント》で働いた金が入るんだ。五百ドルは入ると思うから、五本は買えるはずだよ。そしたら、一本、ヒヅキにちゃんと返すからさ」

「……」

「いや、一本とは言わない。二本でもいいよ。あとの三本はまたみんなで飲もうよ。ねえ、信じてくれるでしょ?」

「わかった。もういいよ」

ぼくはそう言い、ジョンの肩を手でポンと叩いた。ジョンは完全に泥酔状態だった。どうやら、のこりの半分を全部ひとりで飲んだらしい。ケイトはジョンがまた怒り狂わないか、不安そうな顔でこちらをチラチラとみている。ミクピは煙草を踵《かかと》で消し、投げ捨てると、立ちあがり、ジュースでも買ってくるわ、と言い、どこかにいった。ぼくもジョンとケイトをのこし、立ち去った。

今夜はいつもの晩に比べて、気温が低いような気がする。空をみあげると、オーロラがある。そういえば、ぼくは極北に来ていたんだ、なんだか、オーロラはぼくをそんなふうに思わせる。夜だから、サタンもオーロラをみているかな、もしサタンが雲の上にいるとしたら、雲の上からのオーロラはどういったふうにみえるのだろうか。もしかしたら、サタンはオーロラの存在すら気にも留めてないいかもしれない。ただ、本を読む夜の明かりにすぎないのかな。ぼくはしばらくオーロラを眺めたあと、家にもどった。

午前一時。ぼくは部屋で人工的な光で本を読んでいた。すると、部屋にジョンが入ってきた。ジョンの目は真っ赤に充血し、腫れている。酔いは醒めているようだった。

「本当にごめん、ごめんよ。ボトルは返すからさ」

ぼくは無言で本を読みつづける。

「彼女とちょっとトラブルがあってさ。どうしても、今日、飲みたかったんだよ。ごめんよ」

「もういいよ、飲んじゃったものは。今日はもう寝かせてくれ」

ジョンはぼくのその言葉を聞き、電気を消し、部屋をでていった。

おんな

視界に白い靄《もや》がかかっている。はるか遠くに点ほどの窓がみえる。そこからわずかに光が射しこむ。ぼくのまわりには空《そら》の本棚がある。みわたすかぎりの空《そら》の本棚。手を伸ばせばどんな本だって手に入る。空《そら》の本棚をみていると、そんな気がする。一歩も外の世界をみずに、どんな情報でも手に入る場所なんだ、ここは。音楽のことだって、経済のことだって、外国のことだって、歴史のことだって、なんだって知ることができる。自分の体はふわふわと軽い。でも、自分の手足、体、をみると醜いほどにふとっている。黒いシャツの上に星のようなフケが落ちている。体は軽いはずなのに、身動きがとれない。

ぼくは空《そら》の本棚に囲まれて座っている。木でできた床。遠くからミシミシと床を歩く音がする。空《そら》の本棚で、どこでもみわたせるはずなのに、その足音がどこからするのか、わからない。目を閉じて、足音に耳をすませる。目を閉じているはずなのに、瞼《まぶた》が透《す》けてるような感じがする。透《す》けた瞼《まぶた》を通してみる世界に気持ちよくなっていく。皮がだぶついた醜い足にだれかの手が触れる。細くすべすべとした手でふとももをなでる。髪の短い女が目のまえにかがんでいる。顔はよくわからない。彼女はなにもしゃべらない。ぼくもなにもしゃべらない。ズボンを脱いだおぼえがないのに、ぼくはいつのまにか下半身裸になっている。彼女はぼくの肉棒を咥《くわ》える。人間の温かさなどない。ただ、機械的に顔を上下に揺らすだけ。

瞼《まぶた》を開けると、ぼくの細い手がベッドの上にころがっている。ズボンに手をやりパンツを触ると、すこし濡れている。

昼ごろ、家から村に一軒だけあるスーパーにいく。スーパーまで十分ほど泥道を歩く。背の低い草は昨日の雨で濡れている。子犬はホンダ製のバギーを直している人のまわりを走りまわる。彼はぼくに気づくと、生きてるか、とニコニコしながら声をかける。ああ、なんとか生きてるよ、とぼくは笑い返し答える。

ここは村の中心街だ。スーパーの横には魚類加工所《フィッシュ・プラント》があり、まえには道路をはさんでプレハブふうのホテルがある。スーパーの入口まえにはいつものように乱雑に四輪バギーが止まっている。古く錆びた階段をあがった踊り場には女の子たちがいる。ぼくをみて、なにかコソコソ話している。ぼくが横を素通りしようとすると、どう調子は、と恥ずかしそうに話しかけてくる。元気だよ、そっちこそどうだい、と聞き返すと、女の子たちは顔をみあわせて笑い、もちろん、元気よ、と答える。

スーパーのなかに入ってすぐに、ガムや飴を売っているガチャガチャがある。子どもたちがいる。

子どもたちはぼくの姿をみると、寄ってくる。

「キヅキ、キヅキ。なにしてるの？」

「キヅキじゃないって。ヒヅキ。ヒヅキだよ。言ってみな」

「ヒ・ヅ・キ。ヒヅキ。なにしてるの？」

「なんとなく来ただけだよ」

「ガム買ってよ」

「なんでだよ。自分で買えよ」

「金ないもん」

「じゃあ、これやるよ」

ぼくはポケットから梅味の飴をとりだし、それを子どもたちにやった。みんなはそれをめずらしそうにみて、これどんな味だ、と話しながら、袋をやぶり口に入れた。まずい、という顔をしながらほとんどの子がそれを手に吐きだした。こんなまずいもんよく食えるな、という顔をしながらぼくの顔をみる。

コークを買おうと、ガラス張りの冷蔵庫に向かう。ガラスにはぼくの姿が映っている。坊主頭に黒のニット帽、のびきった口髭と顎髭、頬がこけた病的な顔。ガラス戸を開け、飲み口に埃をかぶったコークを取りだす。横からヒョイとだれかが手をだし、セブン・アップを取る。ミクピがぼくの肩に手をやりながら言う。

「今日、お金ないんだよ。ねえ、おごってよ。明日、ちゃんと返すからさ」

「本当にお金ないの？　ポップだけだよ」

ぼくはセブン・アップとコークを手にもち、ふたつあるレジの、くりくりパーマをかけたバーブがいるレジに向かう。コークとセブン・アップを手わたすと、バーブが、アタナジュア、元気かい、と聞いてくる。

「アタナジュアってなんだよ？」

「なんだ、アタナジュア知らないのかい？　あんたもあの映画みただろ。イヌイットがつくったあの映画だよ(注24)。あれに足がものすごく速い男がでてくるだろ。あの男をアタナジュアって言うんだ。あんたが、足が速いかどうかは知らないけど、なんとなく、アタナジュアって名づけたんだ」

「なんでよ？」

「イヌイットの名前があってもいいと思ってね。それにヒヅキってなんか呼びにくいし。だからわたしはアタナジュアって呼ぶことにしたの」

「そうなんだ。でも、アタナジュアのほうが呼びにくそうだけどね」

親指で飲み口を拭い、口で埃を吹き払う。そして、コークを開ける。ミクピもおなじようにセブン・アップを開ける。風が強く、海は荒れている。砂埃が舞い、飲み口を砂まみれにする。缶のなかを覗きこむと、茶色い粒状のものが浮いている。ミクピはセブン・アップをゴクゴクと飲み、ゲップをする。

「シュリいるだろ？　あいつ、おまえのこと好きだぜ」

「あのもうひとりのレジの子？」

「だっていつもおまえのことみてるよ」

「みてるからって、好きとはかぎらないだろ」

「ヒヅキ、二十一歳だろ？　シュリとおなじだよ。やっちゃえば」

「おれはいいよ。タイプじゃないし。それに彼女もおれのことタイプじゃないよ」

「ヒヅキ、彼女いないんだろ？　シュリも彼氏いないし、狙いどきだよ」

ミクピは面白がって、やっちゃえ、やっちゃえ、と何回も言う。シュリはお母さんのエリズとともにスーパーでアルバイトをしている。シュリは白人とイヌイットの血が入っているため、肌は白く、青い目をしている。眼鏡をかけ、髪はソバージュふうのパーマ。頬にはうっすらとそばかすがある。目はきつく、スーパーで声をかけても、恥ずかしがってあまり話さない。

「今日、土曜日だから、体育館でダンス・パーティーやるんだ」

「ダンス・パーティー？　なに、それ？」

「体育館を真っ暗にして、かっこいい音楽流して、みんなで踊りまくるんだ。酒飲んで、薬《ドラッグ》やって、セックスして、ハイになるんだよ。ヒヅキもいこうよ。シュリも来るし、チャンスだよ」

「チャンスってなんだよ。シュリは関係ないとして、面白そうだから、いくよ」

リビングからテレビの音が聞こえる。大きないびき音も聞こえる。リビングにいくと、マイケルがソファーに横になり、口を開けて寝ている。横にはメイリーンが左手をマイケルの胸元に、右手はリモコンをもって、テレビをみている。ヒヅキ、どこいくのこんな時間に、もう夜中の十一時よ、とメイリーンが眠たそうな目をしながらぼくに言う。ちょっとね、ぶらぶらして来るよ、ニコンのカメラを首にぶらさげたぼくが言う。

「どうせダンス・パーティーにいくんでしょ。あんまり夜中に外をふらついちゃだめよ。外には危険がいっぱいあるんだから。みんな酔っぱらってるし、あなたになにするかわからないわ。それにそんなカメラもって、なにを撮る気なの？　とにかく、早く帰ってらっしゃいよ」

メイリーンは心配そうな顔をしてぼくをみている。ぼくはなにも言わずに外にでる。

八月といえど、夜は結構冷える。港をみると、ボートが波に揺られている。家の明かりが漆黒の闇に寂しげに光っている。歩きながら、さまざまな家を窓から覗く。テレビをみたり、トランプをしたり、音楽を聴いたり。おなじリズムでみんなが動いている。おもちゃ屋のガラス・ケースのなかにあるシンバルをもった猿みたいに。たまに、シンバルの鳴らし方はかわるけど、鳴る音はみんなおなじ……。

体育館のまえには人が集まっている。鉄製の階段に座ったりして。若者が煙草をふかし、談笑する。おう、なにしに来た、女でも捜しに来たのか、だれかがぼくに言う。ぼくはおどけて、そうだよ、女をハントしに来たんだ、と言うと、みんながぼくを笑う。階段をあがった右に体育館の入口があり、左には学校の裏口につながるドアがある。ドアのまえの階段にミクピとクルが座っている。キスをしているので、ぼくの姿には気づかない。

体育館のなかからかしましい音楽が聞こえてくる。入口は人の出入りで激しい。ロウはニタニタとしながら、手すりに手をかけてぼくをみている。口元には涎がたまっている。

「ロウ、酔っぱらってるのか？」

「ああ、ものすごく気持ちいいよ。久しぶりの酒だからな。もう最高だよ」

「ジョンとダニーは？」

「なかにいるよ」

昼間の体育館とはちがう。真っ暗闇のなか、ストロボのような激しい光が人の影を写しだす。壁際には二十ほどの椅子がおかれている。ぼくは踊らず、そこに腰をおろす。隣の奴に、踊らないの、と聞くと、もう踊り疲れたからね、と言う。踊っている奴は上着を脱ぎ、髪を振り乱して踊っている。光の加減により、人の動きがスローモーションのようにみえる。どの人も天井から糸につりさげられた人形のように。ストレスを発散するわけでもなく、踊りが好きなわけでもなく、ただなんとなく、時が流れるままに……。隣の奴は踊り疲れた様子はない。人形になりきれなかっただけなんだ。もう嫌なんだ、この箱のなかにいるのに、嫌気がさしたんだ。踊っていたダニーがぼくの姿に気づき、こっちにやってくる。隣の奴は立ちあがり外のほうへ歩いていく。

「踊らないの？」

「疲れたから、いいや」

「楽しいよ。なんかこうパーとするんだよ。好きなように動いてさ。そんで、たまに女の子と目があうんだ。それがさ、その女がかわいくなくても、いい女にみえるんだよ。酒も薬《ドラッグ》もなくてだよ。そいつは体をくねらせ、おれのこと誘惑してくるんだ。それがたまらないんだよ」

ジョンも踊りをやめて、ぼくらのほうへやってくる。ミクピが外から入ってきて、ぼくの隣に座る。

「クルはどうしたんだよ？」

「なんかジュース買ってくるって、いっちゃったよ。それよりもさ、シュリどうしたんだよ。さっきみかけたぜ」

ジョンが息遣い荒く、興味津々にミクピに聞く。

「シュリ？　なんでおまえヒヅキにそんなこと言うんだよ」

「シュリ、ヒヅキのこと好きなんだぜ。ヒヅキもまんざらじゃないし……」

ジョンは、そりゃあいいやと、大笑いしながら、腹を抱える。ダニーもぼくを馬鹿にしたような目でみて、ニヤついている。シュリのこと、捜して、ヒヅキとふたりっきりにしようぜ、とジョンは体育館のなかをキョロキョロしながら言う。いいよ、やめろよ、ぼくは椅子から立ちあがり、音楽が鳴り響く体育館から遠ざかろうとする。ミクピがぼくの肩に手をやりながら言う。

「悪かったよ、冗談だよ。踊ろうよ」

曲はいつのまにかゆったりとした音楽が流れはじめている。椅子に座っていた何人かは立ちあがり、音楽よりもスローモーションな動きで踊る。男と女はチークダンスをする。

「今日はいいや。帰るわ」

ぼくはそう言いのこすと、外にでた。


体育館のまえに黄色いブランコがある。三人の子どもたちが遊んでいる。ひとりは鼻水で鼻の下は白く固まっており、口元には白い粉がついている男の子。もうふたりは青い目をした金髪の女の子と黒い髪をした女の子。金髪の子がぼくをみて、なにか言っている。イヌクティトゥト語でなにか言っている。なにを言っているのか、わからない。英語で、なに言ってるんだい、と聞くと、英語で、写真撮ってよ、と言う。いいよ、じゃあ撮るよ、と言うと、黄色いブランコのまえに三人がならんだ。男の子の両脇にふたりの女の子が立った。レンズをしっかりとみて、みんな直立不動。自然体でいいよ、そんなに固まらないで、普通にしてよ、そうぼくが言うと、女の子たちは白い歯をみせた。男の子はレンズ越しに、ぼくの目をじっとみていた。

家までの帰り道、遠くから四輪バギーの音が聞こえてくる。バイクのよりも雑なエンジン音。大きなタイヤが小石を踏み潰している音が近づいてくる。小石を踏み潰す音とともに、ライトがぼくの背中を照らす。ライトのほうをみると、四輪バギーにケイトが乗っている。恥ずかしそうにしながら、ケイトがぼくに言う。

「ちょっと走らない？」

ぼくはなにも言わずに、四輪バギーの後部座席に座る。ぼくが乗ったのを確認すると、ケイトはギアをいれて、走りだす。だれかにみられるのを怖がっているようにケイトはキョロキョロしながら、慎重にアクセルを握る。だれかの話し声が聞こえたり、四輪バギーのライトがみえたりすると、バギーを止め、ライトを消し、家の影に隠れる。ゆっくりと、ゆっくりと、高台にあるホッケー場にバギーを走らせる。

青い壁のホッケー場は夏場は使われていない。ぼくらはバギーを降り、ホッケー場の入口のほうへ歩く。ここ、夏はあんまりみんな来ないんだ、とケイトはぼくに言いながら、入口の外壁にかかっている梯子を使い、入口の屋根にあがろうとしている。ホッケー場の真上の屋根に比べて、入口

のところだけ、屋根が低い。あとでつくりつけたように、プレハブふうの高さ三メートルほどの小さな小屋の上だ。屋根の上から、ケイトはぼくをみながら、こっち、こっち、と誘う。梯子はところどころ錆びていて、手に茶色い粒状のものがつく。屋根にあがり、ケイトの隣に座る。

「今日は星もオーロラもみえないね」

煙草に火をつけながら、ぼくが言う。

「そうだね、今日は雲がおおいからね。わたしにも煙草一本ちょうだい」

とケイトは言いながら、箱から煙草を一本取った。雲のなかからわずかに月が光っている。月に照らされて、海面はキラキラと光っている。ケイトの短い髪の毛が風にかすかに揺れる。鼻の穴から煙をだしながら、村の背景に広がる海をみつめている。

「なんであんなにコソコソしてたんだよ？」

「あなたとふたりでいるところなんかみられたら、なんて言われるか……。とくにジョンなんか。嫉妬深いからね」

「じゃあ、なんでわざわざおれのこと誘ったんだよ。こんなところみられたら、それこそたいへんだろ？」

「村の人と話したくなかったの。全然関係ない人と話したかったのよ。そういうときってあるでしょ」

「ジョンとはあれからうまくいってないの？」

「もう別れたわ。っていうか別れたい。あの男、めんどくさいの。ヒヅキもあのときみてたでしょ？　みっともなく酔っぱらって、いやんなっちゃう。ただ、ちょっとほかの男とセックスしただけよ。あいつだってラリった勢いでやってるくせに。それなのにあんなに怒り狂って……」

「なんでばれちゃったんだよ。ケイトは別になにも言ってないんだろ？」

「だれかが言いつけたのよ。この辺はみんな親戚みたいなもんだもん。どこでなにやったかなんて筒抜けだわ」

きっとあいつだ、あいつにちがいない、とケイトはぶつぶつ言いながら、煙草を投げ捨てる。煙草は地面にたどりつくと、かすかな火の粉をふりまきながら地面を転がる。

「ヒヅキは寂しいときってないの？　こんな場所にひとりで来て、寂しくないの？」

「寂しくなんかないよ。ここは楽しいから」

「それはここに住んでないからね。ここに住んでみなさいよ。なんにもすることないんだから」

ここからは村のほとんどがみわたせる。昔、子どものころにつくった模型のような村。あそこには発電所をつくって、ここには学校、飛行機の音はうるさいだろうから、飛行場はちょっと遠くにしちゃえ、ごみ捨て場は人の目のつかないところに……子どもが適当につくった村。手を伸ばせば、あっという間に壊せそうだ。村のなかには何台かおもちゃのようなバギーが走る。

ねえ、もう一本ちょうだい、とケイトはぼくの腕をつかむ。内ポケットから煙草を取りだし、わたす。

「彼女は？」

「みんなおなじこと聞くんだな。いないよ」

「イヌイットの女に興味ないの？」

ぼくが答えに困っていると、冗談よ、とクスクスと笑いながら言う。

「日本人ってどんなセックスするんだろうね。わたしたちおなじような顔してるから、似たようなもんかもね。アソコもそんなに大きくないだろうし。つまらなそう」

ぼくを軽くおちょくるように言う。からかうなよ、と言いながら、体育座りしていた足をあぐらにする。彼女は大きい丸い眼でぼくの顔をじっとみている。寒いわね、と華奢《きゃしゃ》な腕をぼくの腕にからませてくる。左手は煙草、右手にはぼくの腕。女の匂いなんかしない、ただ乾燥した風の匂いと屋根の錆びついた匂いだけ。右手を強引にぼくのジャンパーのポケットに入れてくる。汗で湿っている左の掌《たなごころ》に、乾燥したカサカサした手が触れる。風でウェーブのかかった髪の毛が頬を触る。ケイトの人差し指と中指にはさまれた煙草はいつのまにか消えている。地面に転がった煙草は、カメレオンのように闇と同化していた。同化したものに存在意義はない。

ギャンブル

金髪が床に落ちる。理髪店のような場所で、新人海兵隊員が次々と坊主頭にされていく。一九八七年に劇場公開されたスタンリー・キューブリック監督の「フル・メタル・ジャケット」の冒頭場面。新人海兵隊員の悲哀を描いた映画である。映画の前半部分は、海兵隊の訓練所のようなところで、新人たちが鬼教官に徹底的にしごかれるのが印象的だ。二十三分過ぎの場面で、こんな言葉がでてくる。

「人から聞いた話では♪エスキモーのプッシー♪冷凍マン庫。うん　よし、感じよし、具合よし♪すべてよし、味よし、すげえよし♪おまえによし♪俺によし」

新人海兵隊員が規律よく並んで走る。鬼軍曹は横で併走。鬼軍曹の言葉に、新人たちはリズムにのって復唱する。

黒髪が床に落ちる。極北の小さな村に理髪店はない。ミクピとジョンは交互にバリカンをもち、ぼくの頭をまるくする。どうせ坊主にするんだから、そんなことを言いながら、ジョンはぼくの頭に髪の星をつくる。イザーミンとピグルクは床に座り、切り落とされたぼくの髪をいじりながら、うれしそうに笑う。ミクピはジョンからバリカンをとりあげ、笑いを堪えながら、星型の髪を剃りあげていく。星はパラパラと地面に落ちる。坊主になった頭をみんなは何度も何度も触る。頭皮からかすかに白いフケが飛ぶ。白いフケは星のように、リビングの白い床に落ちる。午後四時。昨夜遅くまでギャンブルに興じていたメイリーンが寝ぼけ眼でリビングにやってくる。

「あら、坊主にしちゃったの。どうして？」

べつに、なんとなく、メイリーンの問いに、ぼくは答える。メイリーンもお決まりのように両手でぼくの頭をさする。坊主もなかなか悪くないわね、いいじゃない、そう言いながら、コーヒーをカップに注ぎ、大量の砂糖とクリームをいれる。イザーミンとピグルクはボイラー室からとってきた箒《ほうき》と塵取でぼくの髪の毛をお掃除。ミクピとジョンは煙草を吸いに、外にでる。

メイリーンはソファーに腰をおろし、テレビをつける。なにかをみるわけではなく、虚ろな顔でリモコンを操作する。テレビに映しだされる画像は次々といれかわる。ときおり、日本でみなれたアニメが画面に浮かぶ。ポケモン、ドラゴンボールなどが極北の地で英語で放映されているのをみると、不思議な気持ちになる。メイリーンは壁にかけられた時計に目をやる。

「もうこんな時間なのね。ヒヅキ、でかけるわよ」

飲みかけのコーヒーを台所におき、玄関にいく。いつものように薄く黒いジャンパーをはおる。

ぼくも青いジャンパー、黒いニット帽、赤い靴を身につける。外で煙草を吸っていたミクピは、お母さん、お金、という常套句。メイリーンがどこに、何のために、でかけるのか、そして、彼女がお金をもっているのをミクピは知っている。母は子に二十ドル札をわたす。ジョンはその光景をただ眺めている。ぼくとメイリーンは家をあとにする。

村の中心部にある茶色いペンキが塗られた村役場《ハムレット・オフィス》。ぼくらはスーパーに立ち寄ったあと、学校の隣にあるこの古びた建物にやってきた。裏口から入ると、薄暗い廊下にはリトル・ナヌークにちなんだ写真や絵が飾られている。メイリーンは肖像画のまえで足をとめる。描かれている人物はメイリーンと同じように、肌が黒く、黒い縁の眼鏡をかけた男性。郷愁にかられ、肖像画をみいるメイリーン。

「お父さんが死んだのはいつのころかしら。二十年まえ？　いや、二十五年まえぐらいだったかしら。お父さんは厳しい人だった」

ぼくに話しかけているわけではなく、自分自身に、そして、肖像画の父に語りかけているようだ。

「身長が一九十センチメートルぐらいあって、みんなに怖がられてた。私が十四歳か十五歳のときだったかな。学校にいかなくなって、友人たちと大麻、煙草、酒を頻繁にやるようになったの。もちろん、父には内緒にしていた。でもこんな小さな村で内緒にできるわけないわよね。父の大きな背中に、激しい怒りを感じた。殴られたこともあったわ。反発していたのかわからないけど、すぐにやめることはできなかった。すばらしいハンターだった。私を含めて村のおおくの人が父から狩猟のやり方、サバイバル技術を学んだわ。イヌイットらしいイヌイットだったわね」

父の言いつけをまもっていたら、いろいろとかわっていたかもね、ほら、私の歯がすべてないのは若いときに悪さをしたせいよ、と入歯を口のなかでパカパカと動かし、ぼくに笑いかける。メイリーンの曽祖父はアメリカからやってきた黒人の捕鯨者。捕鯨船に乗って極北の地にやってきて、イヌイットの女性と愛を育み、この地に根づいた。イヌイットらしいイヌイット？　カナダ人らしいカナダ人？　日本人らしい日本人？　モンゴロイドらしいモンゴロイド？　人、民族、人種に〝らしい〟という規範などあるのだろうか。〝らしさ〟はまやかしだ。

「さて、そろそろ時間ね。いくわよ」

電気が消えた廊下をライトが照らされたスペースへ歩きだす。村役場《ハムレット・オフィス》の正面入口まえのスペース。受付のようなカウンターには人がふたり。就労時間はもうおわっている。カウンターには、ビンゴ・シートとネバタと呼ばれるカード・ゲームが乱雑におかれている。毎週木曜日、村役場《ハムレット・オフィス》のレクリエーション課の主催でビンゴ大会が開催されている。ラジオ局などが開催し、週二、三回開催されることもある。ビンゴ・シート一セット十五ドル。ネバタ一枚一ドル。これらの価格は賞金総額により変動する。ビンゴは一枚に三つのマスが印刷されており、八枚綴りになっている。ネバタはスクラッチ・ゲーム。ミシン切となった紙が捲れるようになっており、捲ると三つから五つの図柄が印字されている。同図柄がパチンコ、スロットのように並ぶと、賞金がもらえる仕組みだ。老若男女問わず、ビンゴ、ネバタを買いに、村役場《ハムレット・オフィス》にやってくる。給料日後などは人があふれる。年齢制限はとくにない。いや、若者はあまりやらないほうがいい、というちょっとした暗黙のルールはある。メイリーンはビンゴ・シートを四セット購入。ビンゴ・シートをふたつ折りにし、ポケットにそそくさとしまう。受付にいる人はビンゴ・シートに印字されたシリアル・ナンバーと購入者の名前を手元の紙に記入する。不正防止のためだ。受付のひとりは村役場《ハムレット・オフィス》の職員、もうひとりは村人がもちまわりで担当する。三、四人いることもある。

メイリーンはネバタを二十枚購入する。受付まえのスペースには黒い大きなゴミ箱がふたつ置かれている。少々の会話とネバタを捲る音。はずれたオレンジ色のネバタの紙はゴミ箱へ。ゴミ箱はオレンジ色に染まっていく。ミクピがいる。メイリーンからもらった二十ドルでビンゴ・シート一セット、ネバタ五枚を購入。五枚をすばやく捲ると、そそくさと村役場《ハムレット・オフィス》をあとにする。お金がなく、ビンゴ、ネバタをやらない人も村役場《ハムレット・オフィス》にやってくる。状況偵察とゴミ箱のはずれネバタをチェックする。ときおり、みおとされたあたりネバタが混ざっていることがあるが、まれである。そして、他人がやっているネバタの手元を注視する。日本のパチンコ屋でパチンコをしている人の背後に立ち、盤面を眺めているのと、同じ心境だと思う。

おばさんが奇声を発する。ネバタがあたったらしい。今日の最高賞金は五百ドル。日によってち

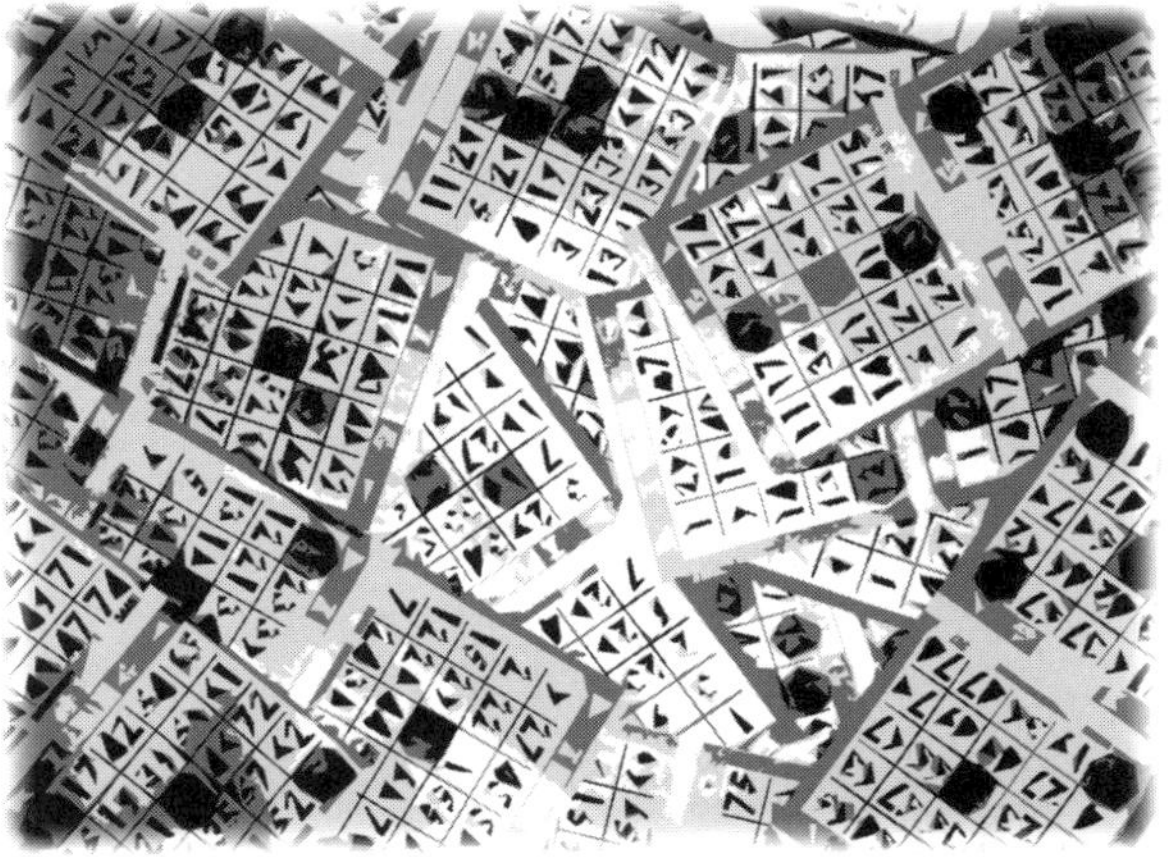

がい、千ドルのときもある。最小賞金は一ドル。あたりネバタを受付にもっていくと、その場で換金される。だれが賞金を獲得し、現金をもっているのか、一目瞭然。やらない人が村役場《ハムレット・オフィス》にやってくるのは、それを把握する目的もある。この情報は村の人たちみんなにすぐ伝わる。時間が経過すると、不機嫌になる人が増えてくる。賞金は一極集中し、大半が負け組み。ギャンブルには魔物が巣食う。村役場《ハムレット・オフィス》の空間に魔物が浮遊する。娯楽が少ない場所ほど魔物は大きくなる。

午後八時。リビングの床にはビンゴ・シートが散らばっている。メイリーンは床に腹ばいになっている。手元にはビンゴ用マーカー、コーヒー、電話の子機、三枚のビンゴ・シート。買ってきたもう一枚はマイケルの目のまえにある。ミクピも床に座り、マーカーを手にしている。

「ビンゴ、ビンゴ、ビンゴー」

ラジオからは英語とイヌクティトゥト語。村のラジオ局から発信されており、聞きなれた村人の声。全八ゲーム、午後九時まで一時間かけておこなわれる。ゲームはラインを一直線にするものやバツ印にするもの、L字型にするもの、マスの数字をすべて埋めるものなど多種多様である。賞金は最終ゲーム以外は定額で五十ドルから百ドル。あたったものはラジオ局に電話し、あたりをつげる。そして、確認作業。電話の声は村のみんなが聞こえるようになっている。最終ゲームはマスの数字をすべて埋めたものが勝ち。賞金はおおいときで千ドルにもなる。最終局面ともなると、マーカーをもつ手に力がはいる。どのゲームもひとりであたった場合は、賞金の総取りとなるが、複数の人があたった場合は、賞金は均等に分配される。ネバタ同様、だれがどれだけ儲かったか、村みんなで共有できるようになっている。連続してだれかがあたろうものなら、罵声を浴びせられる。

我が家の住人たちにギャンブルの神様は微笑まない。メイリーンは不機嫌そうにビンゴ・シートをぐちゃぐちゃにし、ゴミ箱へ。マイケルとミクピは無言。メイリーンは電話で友人、親族たちと本日のビンゴの総括。だが、長い夜はまだまだおわらない。

午後十一時。女性たちとぼくはリビングの床に輪になるように座っている。五名は輪の背後のソファーに座り、輪の様子を眺めている。総勢二十名。床にはよれよれになったトランプが重なりあっている。そして、ドル紙幣とコイン。手には四枚から五枚のカード。左手にカードをもち、相手

にみえないように細心の注意を払う。右の掌でカードをもった左手の甲を叩く。パティ、パティと音がする。様子をみていると、ポーカーに近い。パティと呼ばれるこのゲームをリトル・ナヌークの村人のおおくはお金が続くかぎり、夜通し興じる。給料日後などは村の何軒かにわかれて、パティが催される。遊び方はいろいろあり、賭け金もそれぞれ。夜が更けるにつれて、賭け金があがっていくのは、どのグループも同じ。男性と女性が一緒になってやることもあるが、大概、別々の家にわかれてやる。どうやらメイリーンはビンゴとネバタの負けを今宵取りもどすつもりらしい。

足が悪い七十過ぎの老婆、生後六カ月に満たない赤ん坊を背中におぶった十六歳の幼母とそのお母さん。メイリーンの姉妹もいる。カードをみるたびに、アム（こい、あたれ）、アティ（いけ）という心の声が聞こえてくる。みんなの懐には最低五十ドルから最高千ドル。千ドルをもっているのは、今宵のビンゴの栄冠を勝ちとった隣に住んでいる白髪の老女。みんなはハイエナのような目つきで、そのお金を狙う。

時間が経つにつれ、もちあわせがなくなり、ゲームに参加するメンバーはひとりふたりと家を去っていく。最初十ドルだった賭け金は現在五十ドル。輪にのこっているのは十名。ひとりあたり五十ドルなので、輪の中心には五百ドルの紙幣、コインが乱雑におかれている。一勝負五十ドルなので、一セットあたり、十回勝負が繰り返される。勝負の回数は人数分だ。親は時計回りでまわってくる。親の特権は遊び方と賭け金を決めるられること。カードの配り役も時計回り。足が悪い老婆はもういない。幼母はまだがんばっている。ソファに寝かされた彼女の赤ん坊は鼻水をだし、ひどく咳こんでいる。幼母の妹が赤ん坊の面倒をみている。メイリーンの姉のマリーはもういないが、ライラはまだいる。メイリーンは負けがこみ、しばらくの間、口を開いていない。真夜中のギャンブルは井戸端会議でもある。人のうわさや世間話は絶えない。ぼくは井戸端会議のかっこうのネタになる。キスしてもいいか、このなかでだれが一番美人か、だれかとセックスしたのか、など終止質問攻め。のらりくらりと質問をかわしながら、黙々とカードを配る。カードを配り一勝負おわると、勝った人には、いい配り方だと褒められ、負けた人には、ディーラーが悪いと罵られる。話しは続き、ゲームも続く。

一セットおわると、煙草タイム。九月の夜、極北の大地は冷えこむ。入口で煙草をふかす女性たち。極北の風は煙草の煙をどこかへ運んでいく。海の彼方の上空にはオーロラがでている。ライラはジャンパーのファスナーを右手で上下に動かす。

「オーロラをみたらこうしなさい、ってお父さんに言われたの。もしこれをやらないと、家族に悪いことが起こったり、首を切りとられたりするんだって」

ぼくもジッパーを上下に動かす。隣ではメイリーンが口笛を吹いている。

「口笛を吹くとオーロラは揺れ動くのよ。でも、口笛もあまり吹かないほうがいいってお父さんに言われたわ」

ぼくも口笛を吹く。白かったオーロラは蒼白になり、空中をダンスする。さて、取りもどさないとね、そう言うと、メイリーンは部屋にもどっていった。

午前三時。輪は六人。別の家でパティをやっていたマイケルとミクピは帰宅し、ソファーに座り、ゲームの様子をみている。マイケルは儲かったらしく、二百ドルをメイリーンに追加投資し、さらに自身もゲームに加わる。幼母と赤ん坊はいない。彼女のお母さんはまだがんばっている。いかさまをしたなどお互いの罵りあいも激しくなる。ばつが悪くなると、ぼくに矛先がむく。ぼくのおんな関係の話を聞きだそうと、ライラは必死だ。ねえ、こんな言葉知ってる？　ライラはそう言うと、リズムよく言葉をメロディーにのせて、うたう。

「エスキモーの♪あそこは♪冷たくて♪気持ちがいいぞ」

ライラのその言葉にみんなは笑いながら、ぼくに目線をやる。ぼくは無言で微笑する。

午前五時。ぼくはゲームから抜けて、ソファーに座っている。横ではマイケルが大きなお腹をだして寝ている。ミクピはとっくに部屋にもどっている。メンバーはメイリーン、ライラ、白髪の老女の三人。だれがどれだけ勝っているのか、ぼくはわからない。少なくとも、メイリーンは勝ってないはずだ。会話はない。白髪の老女は大きいお尻を少しあげ、放屁。巨体のライラもオナラ。鈍いオナラ音とカードを配る音。眠気で頭が鈍る。屁に言霊が宿り、会話しているように聞こえる。ぼくは部屋にもどる。会話なく、ギャンブルは粛々と朝八時まで続いたそうだ。だれが勝って、どれだけ儲けたか、ぼくは知らない。

喧嘩

ぼくはよく夢をみる。だれかとセックスする夢をみたときは、夢のなかではものすごく気分がいいんだけれども、起きたあとはたいてい虚しい。その夢のなかの相手がだれだかわからなければ、わからないほど、気持ちいいんだけど、わからなければ、わからないほど虚しい。

たまにだれかと口論したり、喧嘩したりする夢をみる。口論の場合はその内容をはっきり覚えている場合もあるし、覚えていない場合もある。喧嘩の場合は、内容は覚えていなくても、はっきり覚えていることがひとつだけある。夢のなかではだれかを殴ることはあっても、殴られることがないんだ。だれかを一方的に傷つけている。これも起きるとものすごく虚しく、嫌な気分になる。だれだかわからなければ、わからないほど、快感なんだけど、なんだか、心が痛むんだ。

「ハッピー・バースデー・トゥー・ユー」

親族が家に集まっている。リビングの椅子に座ったイザーミンのまえにはケーキがある。おなじみの誕生日の歌をみんなで合唱。イザーミンはケーキにささったろうそくの火を吹き消す。日本のように洒落たケーキではなく、スポンジの上に甘ったるい砂糖のようなクリームがのったケーキだ。

ひとつの命の誕生祝い。その裏でぼくらはふたつの命を失った。ギャンブルの日、咳きこんでいた幼母の赤ん坊が風邪をこじらせて他界した。もうひとつの命はカナダ南部から黄泉の国へと旅立っていった。隣町にふたりのイヌイットの若者がいた。幼少期から彼らはこよなくホッケーを愛した。兄はイヌイットで初めてNHLのプロ・ホッケー選手になった。そして、カナダ南部の都市へ。弟もプロのホッケー選手を目指して、兄と一緒に都会生活を送っていた。彼ら兄弟はイヌイットの若者にとって希望の星だった。だが、昨夜自宅で弟が銃で自殺した。理由はわからない。リトル・ナヌークには彼ら兄弟と交流のあった若者がおおい。また、イヌイットのおおくがホッケーを愛しており、彼らを応援していたので、おおくの人を悲しませる出来事だった。誕生日を祝うみんなの心には、喜びと悲しみが交錯していた。

カトリック教会で葬儀がおこなわれる。リトル・ナヌークに常駐の神父はいない。代理のものがイヌクティトゥト語で書かれた聖書を読みあげる。涙が落ちる音が体に伝わる。なんとも嫌な一日である。だが、嫌なことはこれでおわらない。

午後八時。レクリエーション課主催のフロア・ホッケー・トーナメントが学校の体育館で催される。部屋にこもっていたぼくは気分転換に試合をみにいく。体育館は大勢の人でにぎわっている。ミクピ、ジョン、ドルトル、ダニーの四人が試合にでている。四対四のフロア・ホッケー。せまい体育館のなかを白くかたいホッケー・スティックをもって動きまわる。服装はそれぞれ思い思いの格好。プロテクターはゴールをまもる人だけ。体と体が激しくぶつかりあう。汗だくになった四人を応援する。相手のスティックがミクピの鼻にあたる。鼻頭から大量に流血し、緑色のシャツが鮮血に染まる。ミクピは倒れこみ、試合は一時中断。ミクピの鼻は膨れあがっている。折れているのか、折れていないのか、遠くからはわからない。ジョンはスティックを投げ飛ばし、怒り狂っている。ミクピも心配だが、ジョンは気性が激しいので、なにかしでかすのではないか、そちらも心配だ。ジョンはミクピの鼻にスティックをあてた若者を激しい口調で怒鳴りちらす。ぼくは別のことを考えている。ミクピはどうみてもこれ以上ホッケーをできない。このまま試合が続行するならば、だれかひとりを補充しなければならない。ほとんどのチームは親族で構成されている。きみたちはぼくを選ぶだろう。別にフロア・ホッケーをやりたくないわけじゃないが、このような嫌な空気が流れているなかでプレーするのはごめんだ。一、二歩後ろにさがり、柱の横で空気になる。ミクピはヘルス・センターに運ばれていく。ぼくの反対側でジー・ジーが試合をみている。ジョンはジー・ジーにミクピのスティックを手わたす。

試合続行。ジー・ジーが相手チームの少々太り気味の汗臭そうなジョンソンに故意に体をぶつける。そして、ぽつりとなにかつぶやく。観客にその声は聞こえない。ジョンソンはジー・ジーに殴りかかる。ジョンソンの拳がジー・ジーの鼻をかすめる。ジー・ジーはもっていたスティックでジヨンソンの足を打ちつける。大乱闘のはじまりだ。審判があわててとめにかかる。試合をみていた大勢の人たちも仲裁に入る。ぼくは柱と一体化している。

「早く外にでろ。おまえらはここにいる必要はない」

審判が怒鳴る。ジョンソンは、外にでろよ、とジー・ジーに促す。彼らふたりは外へ。若者のおくは彼らと一緒に外へ。ぼくも外へ。外ではふたりが殴りあっている。大人たちは関知しない。ジョンソンは体がでかい。ジー・ジーの長髪は乱れ、鼻と口からは血がでる。やじうまが彼らを取り囲む。ケイトを含めた何人かがとめに入る。ふたりは引き離される……というよりも、一方的に殴られ、感情的になっているジー・ジーが羽交い絞めにされている。

「早くどこかにいきなさい。ここから去れ」

ケイトはジー・ジーに言う。ジー・ジーは右手の中指を立て、殺してやる、殺してやる、とつぶやいている。

少し落ち着いたジー・ジーはケイトが運転する四輪バギーで家に帰っていった。やじうまはふたたび試合をみになかへ。ぼくもなかへ。試合は三対二で続行している。

夢とは裏腹にだれも傷つけず、傷つかないぼくがいる。なんだが虚しく、心も痛む。

ペット

犬が死んだ。ペット（注25）が死んだ。

家のリビングには大きな窓がある。窓からは港がみえ、海がみえる。マイケルはよく窓辺にある机に肘をつきながら、海の様子をみている。

窓枠にはいつも大きな蝿が一匹止まっている。ガラスの上を歩き、手をこすりあわせる。羽をふるわせ、窓に体当たりをする。外にでたいのかと思い、窓を開けてやっても、外にはでない。手で外にだしても、何日か経つと、また窓際にいる。トゲトゲしたような突起物がついている両手で、なにか願いごとしている。羽音がなにか叫んでいるようにも聞こえる。

子どもたちが外でなにかに石を投げつけているのがみえる。なにに投げつけているのか、ここからでは死角になっていてよくわからない。ちょっと外にいってくるね、ぼくはマイケルにそう言うと、半袖のまま外にでる。家の横には犬小屋がある。その隣には夏のあいだは使われていない犬橇《そり》とスノーモービルがおいてある。イザーミンは適当な石をみつけては力なく犬小屋のほうへ石を投げつける。アリは水鉄砲を口でバン、バンと言いながら、犬小屋のほうへ向けている。ピグルクは

イザーミンの影に隠れて、その様子をみている。ぼくは子どもたちに、なにしてるんだい、とイザーミンとアリの頭に手をおきながら、聞く。

「ピピーが動かないんだよ」

イザーミンは動かないピピーに小石を投げながら、言った。尻尾を丸めてけつの穴を隠しながら腰を低く落とし、近づいてくる、クロとシロの斑のピピー。頭を撫でてやると、尻尾をピンと天高く立たせ、ご機嫌をうかがうべく尻尾を振る。挙句の果てには腹ばいになり、腹を撫でてくれといわんばかりの愛くるしい顔でこっちをみる。そんなピピーのいつもの姿はない。銀の鎖に繋がれたまま、地面の上に舌をだしながら、横たわっている。首筋と腹部にはまだ生温かい血が毛にからみついている。死後そんなに時間が経っている様子はなかった。犬小屋のまわりにはたくさんの犬の足跡と血が点々とついている。

「死んでるよ」

ぼくがそう言うと、アリはピピーに近づいていき、銃先でピピーの乾いた鼻を押した。ピグルクは口からでている舌に土をふりかけた。イザーミンはすこし大きめの石を両手で掴み、血がでている腹部に押しつける。血と毛が石にこびりつく。死んだ犬の目は海をみている。

「いつ死んだんだよ。今朝みたときは、生きてたぞ」

「大きい白い犬と茶色い犬がピピーを殺したんだ」

アリは水鉄砲でピピーのビーダマのような眼球に水をかけながら、言った。眼球と鼻のあたりは水で濡れている。家の裏手には草原がある。そこには青い壊れたトラックがある。そのトラックの横に毛がフサフサした白い犬が座っている。アリはあいつ、あいつと言いながら、水鉄砲を白い犬のほうへ向けて発射させる。水は白い犬に届くわけもなく、ピピーの尻尾を濡らす。

リビングにもどると、マイケルとメイリーンがテレビをみている。ミクピは床においてあるカリブーの肉塊から肉片をナイフで削ぎ落としながら食べている。

「ピピーが外で死んでるよ」

ぼくがそう言うと、メイリーンはリモコンでテレビのチャンネルをかえながら、さっきみたわ、と一言。マイケルは爪を噛んでいる。ミクピは解凍中の生肉を一生懸命切っている。

「なんか野良犬が殺したみたいよ」

「あれ野良犬じゃないわよ。向こうの丘の上に緑色の家があるでしょ？　あそこの犬よ」

「死骸はあのままでいいの？」

「あとでマイケルが車でどっかに埋めにいくわ。マイケル、あとでちゃんとやっといてよ」

マイケルはなにも答えず、爪を噛みつづけている。親指の爪は唾液で濡れており、ライトの明かりで光っている。ミクピはカリブーの肉に塩をふりかけて、うまそうに食べている。わずかに開いた口のなかでフローズン状態の霜降りの肉は溶けている。

窓から外をみると、子どもたちはピピーの首についた銀の鎖を引っ張っている。死んだ犬を地面の土に這わせる。引っ張られたピピーの頭がこちらに向いている。ピピーの体は血と土まみれになっている。子どもたちは新しいおもちゃを買ってもらったかのように、楽しそうに笑っている。

ミクピは腹ごしらえをおえ、玄関のところで銃の手入れをしている。

「明日の猟の準備？」

「ちがうよ」

「じゃあ、なんのため？」

「ピピーを殺した犬を撃ちにいくんだよ。イザーミシンは白い犬が殺してんのみたって言ってたから」

ミクピはそう言うと、銃をもって外にでていった。

薬《ドラッグ》

ぼくは横浜の居酒屋で友だちと飲んでいた。その友だちは学校の休みを利用して、ヨーロッパ旅行にいき、一週間まえに帰ってきたばかりだった。イギリス、フランス、ドイツ、オランダ、スペインを一か月かけてまわってきたらしい。彼はオランダでの体験を誇らしげにぼくに話した。ぼくは梅酒を飲みおえ、グラスに入った梅干を口に含みながら、彼の話を聞いていた。

「オランダ、よかったよ、あそこは。また、いきたいね」

「どうして？」

「だって、ハシシュが合法なんだぜ。だれにも非難されないし。捕まらないしさ」

「ハシシュって、そんなにいいもんなの？」

「そりゃあ、そうだよ。最高だよ」

「どういうふうに、最高なんだよ？」

「なんていうかさ、こう、気分がいいんだよ。ドキドキ、わくわく、させてくれるんだよ」

ぼくの友だちはマルボロに火をつけながら、そう言っていた。

ぼくは今までハシシュをやったことがないので、それがどのような感覚世界をあたえてくれるのかわからない。あのときは、へえ、二十一歳のさめた日本人の若者をハシシュって、〝ドキドキ、わくわく〟させる魔力をもってるんだ、と一瞬思ったが、そのことは、すっかり忘れていた。

午後十時ごろ、家でテレビをみていると、ダニーとジョンが話しかけてきた。

「ねえ、これやらない？」

ダニーが手を影絵のウサギのような形にし、それを口にくっつけ、息を吸いこみ、眉毛を吊りあげ、ニヤニヤしながら言ってきた。ジョンはポケットから五センチほどのティッシュにくるまれた、爪楊枝状のものを取りだした。彼はそれを鼻と上唇のあいだにはさみ、鼻で息を吸いあげ、気持ちよさそうな顔をした。

「気持ちいいよ。一緒にやろうよ」

家にはぼくら三人以外いなかった。マイケルとメイリーンは、ほかの家にギャンブルをしにいき、ミクピはクルの家に遊びにいっていた。

「やめとくよ。今、テレビみてるから」

ぼくがテレビのチャンネルをかえながら言う。

「みおわってからでいいから、一緒にやろうよ」

ダニーはぼくの手からテレビのリモコンを取り、ぼくの横に座りながら、言った。これまでに彼らは何度もぼくを誘っていた。

「おいらたち、カブルーナ（注26）がイッテルところはみたことがあるんだけど、日本人がイッテルところ、みたことないいんだよね。それがみたいんだよ」

ダニーはリモコンでチャンネルをかえながら、そう言った。額に三本の皺を寄せ、目はテレビをみている。

テレビをふとみると、映画がやっている。高校のバスケット部に所属する若者たちの心の葛藤を描いた映画だ。黒人の若者は部屋にいるときにたまたま白人のチームメイトが自分の悪口を言っているのを聞いてしまう。その会話のなかに自分が好きな女も加わっている。彼はそのもやもやとした気分を薬《ドラッグ》で発散させる。涙を流しながら、コカインらしきものを鼻から一気に吸いこみ、グラスに入ったお酒を飲み干す。一瞬、目を瞑《つむ》り、喉元の筋がぴくぴくと動く。そのあと、また目を開け、涙を流しつづける。絶望の深い淵に落ちた彼は最終的に自分が愛していた彼女を絞殺し、銃で友だちを撃ち殺す。

ぼくら三人はこの映画を黙ったまま、しばらくみていた。

午後十一時。ぼくらは外へでかけることになった。ぼくら三人は叔父のマリオに、昨日、とってきたベルーガの肉を魚類加工所《フィッシュ・プラント》の冷凍庫にもっていくよう言いつけられていた。村は黒い海とオブジェ彫刻のような岩にとりかこまれている。犬は軒下で眠っている。

夜中に外を歩きまわることは若者たちにとっては、〝悦楽のひととき〟のはじまりだった。お金をもっている大人は家のなかでギャンブルをする。夜中に大人が外を歩くのは、だれかの家へギャンブルをしにいくなり、コーヒーを飲みながら井戸端会議をするため、となんらかの目的がある。意味もなく寒空のなか、歩きまわる大人はいなかった。

若者はちがう。夜十時以降の村の外は、若者の空間だった。四輪バギーで走りまわる者もいれば、男を求める女もいるし、女を狩猟する男もいる。薬《ドラッグ》を求めて歩きまわる者。音楽を聴きながら、どこにいくともなく歩きまわる者。酔っぱらってふらついている者。この村で夜中に外へでることは、若者にとって、なにかが待っている……そんな気にさせる闇の魔力が、空路でしかほかの場所とつながっていないこの閉鎖空間には存在した。

ぼくらはマリオから借りた四輪バギーで港の岸辺に停泊してあるボートへいき、ベルーガの肉片を三人でバギーのうしろにくくりつけていた大きなビニール袋に移していた。暗闇のなか、岸辺にあるボートをダニーが四輪バギーのライトで照らした。三人で一片五キロほどのあぶらぎったベルーガの肉をボートから四輪バギーへと運ぶ。一匹分のベルーガの肉を運ぶのは結構な重労働だ。ゴキブリを潰し、その体液を手に塗りたくったように、手はベルーガのあぶらで異様な光を放ち、鯨のゲロのような臭いをはなっている。あぶらぎった手を海水につけ、岸辺にある鞭のような海藻で手をふく。月明かりに照らされた水面には、シャボン玉の表面のようなものが浮いている。手にはまだあぶらと水が融合した水滴が無数についている。ボートと冷凍庫を二往復し、ぼくらはベルーガ一匹分の肉を運びおえた。

ぼくらは四輪バギーをマリオの家に帰しにいった。マリオの家でまだ手についているあぶらを鼻につくような強い匂いの石けんで洗い落とした。時間は深夜零時になっていた。

「どうするの？」

「ちょっとぶらぶらしようよ」

ぼくの問いにジョンはそう答えた。三人で歩いていると、一台の四輪バギーがぼくらの横を通りかかった。

「おい、ちょっと待てよ」

ジョンの声に、運転していたキャップをかぶった若い男は四輪バギーを止めた。ジョンとダニーと彼はイヌクティトゥト語でなにか会話をはじめた。会話の内容を理解できないぼくは、そばにぼんやりと立っていた。ジョンは財布のなかから、家でぼくにみせてくれた爪楊枝状のものをだした。

「これ、こいつもやってんだぜ」

あごでキャップの男を指しながら、イヌクティトゥト語から突如英語にかえてぼくに話しかけてきた。

「好きなの？」

ぼくの言葉に、彼は目尻に皺を寄せながら、大きく頷いた。キャップの男はぼくと一言も交わさぬまま、ホンダに乗って去っていった。

ぼくらはまた歩きだした。彼らはなにかを探しているようだった。通りかかった男にジョンが聞いた。

「ロウ、みなかった？」

「さっき歩いているのみたよ」

十分ほど歩いたころ、ロウと出会った。ロウはいつもおなじジャンパーを着ていた。まえの部分に青のひし形模様をあしらった赤色のジャンパー。それに白のキャップ。にやけた顔をし、声はがらがら声。普段、いつもぼくに気さくに話しかけてきた。「What's up?（調子はどうだ？）」が彼の口癖だった。

「ロウ、バーナーもってる？」

「いつもの場所にあるでしょ」

「さっきチェックしたんだけど、なかったんだよ。だれかに盗まれたみたい」

「もう一回チェックしてみようよ」

いつもの場所とはロウの家の床下のことだった。ロウを交えたぼくら四人は、ふたたびロウの床下にバーナーがあるかどうかチェックしにいった。

「スナッフある?」

「あるよ」

ロウの問いかけにジョンは答えながら、ポケットからスナッフを取りだした。スナッフとは噛み煙草のこと。円状のプラスチックのケースには「Copenhagen」と印字されている。ケースの側面には「この製品は癌を引き起こす可能性があります」という英語とフランス語の表示がある。

「ヒヅキもやる?」

「やらない」

ぼくはどうしてもこのスナッフというものが好きになれなかった。独特の匂いが嫌いだし、味も好きじゃない。何度か試したが、好んでやりたいとは思わない。ロウはケースに入った黒くじめじめしたものを親指と人差し指でひとつかみし、うまそうに下唇と下歯のはぐきのあいだにいれる。口内のいたるところについた黒いものを丹念に舌で下唇とはぐきのあいだに集める。噛み煙草のため沸いてきた唾液を地面に吐きだす。ぼく以外の三人はロウの家に向かう途中、交互に唾を吐く。

家に着くと、ロウは床下に潜りこんでいった。二十秒ぐらいで、すぐに彼は床下からでてきた。

「やっぱりないみたい」

時間は深夜一時になろうとしていた。

「オフィスにあると思うよ」

ロウが言った。

「オフィスにしようか」

ダニーが言う。

「オフィス？　こんな時間にオフィスなんてどこもやってないよ」

ぼくが言う。

「ちがうよ。おれらのオフィスだよ」

ジョンが口をはさむ。

もう九月に入っている。深夜にもなると、気温はマイナスになる。そんななかを、ぼくらは村をふらふらしながら、薬《ドラッグ》をやる場所を探していた。

ぼくらは彼らがオフィスと呼ぶ場所に向かった。オフィスというからにはさぞ素晴らしい場所にちがいない……彼らのオフィスはちがった。村の唯一の病院とでも言うべきだろうか、ヘルス・センターの後方にある空家だった。学校から歩いてわずか五分の距離にある場所。青の壁に白色のドア。ぼろぼろで不気味だ。ロウがドアを開ける。なかは真っ暗闇。ぼくはもっていたライターで足元を照らした。足元にはなにが落ちているかわからなかったが、なにかわけのわからない物体が部屋中に広がっていた。なかに入ると窓がない八畳ほどの部屋があり、さらにその奥にもうひとつ部屋があった。ぼくらはこの奥の部屋に進んだ。この奥の部屋からさらにトイレ、風呂場へとつづく廊下がある。ロウがこの廊下へ進み、ガス・バーナーと二本のナイフを取りだしてきた。この部屋は六畳ほどの広さで小さな窓がある。部屋の真んなかに長方形の白い机がおいてある。ぼくらは机の端を囲むようにそれぞれが位置をとった。ダニーは机のそばの長椅子に腰をかけた。ロウは長椅子のそばにおかれていた丸椅子に座る。ジョンとぼくは立っていた。よくみないと、みんなの顔の表情はわからない。

ロウは青いバーナーに火をつけた。バーナーの火とともにみんなの顔が現れた。ぼく以外の三人はニッコリと笑っていた。ジョンが財布にしまってあった爪楊枝状のハシシュを取りだした。じゃあ、やろうか、ジョンはそう言いながら、五センチほどの爪楊枝状のものを五ミリづつ十個ほどにナイフで切り分ける。それからガス・バーナーの火に二本のナイフの先端をあてた。ナイフの先端はみるみるうちに赤くなっていく。

「いいか、ヒヅキ。煙を思いっきり吸いこむんだよ。そして煙草を吸うように、お腹にいれるの。そして、しばらく息を止める。それから煙を吐きだすんだ」

ジョンはぼくに丁寧に「ハシシュ吸引講義」をする。ぼくの「わからない」といった顔を察知したのか、まあみていてよ、いくよ、と言うと、ガス・バーナーの火によって赤くなった一本の先端に切り分けたハシシュの一片をのせ、もう一本のナイフはハシシュをはさむように交差させた。二本のナイフの先端からゆっくりと煙がでてくる。息を吐きだし、腹をへこませる。顔を煙がでている二本のナイフの先端に近づけ、煙を思いっきり吸いあげる。ゆらゆらと立ち昇っていた煙は一直線になり、ジョンの口に入っていく。十秒間ほど煙を吸いつづけたあと、煙を肺に入れたまま息を止める。息を止め苦しそうな顔をしたまま、二本のナイフをぼくにわたす。なにがなんだかわからないぼくにダニーが言う。

「早く、早く」

二本のナイフの先端からはまだ煙が立ち昇っている。ジョンの顔はみるみるうちに赤く染まっていく。ジョンはあごでぼくに、おなじようにしろ、といった合図をする。ぼくもジョンとおなじように煙を肺に思いっきりいれる。煙草の煙とはちがい、すぐに喉が焼けるように熱くなる。ジョンのように十秒とはいかず、五秒ほどで煙を吸いあげるのをやめてしまう。まだ煙が立ち昇っている二本のナイフをぼくの手からダニーが取り、ぼくたちとおなじように煙を吸いあげる。ダニーを最後に二本のナイフの先端からは煙が消えていた。ジョンは煙を吐きだし、ニヤニヤしている。ぼくも煙を吐きだす。それにしてもこの喉の焼けるような熱さはなんなのだろうか？　これがハシシュなのか。そうこうしているうちにジョンがふたたび新しい破片をナイフの先端にのせている。おなじように煙を思いっきり吸いあげ、ぼくにナイフを手わたす。

「おれもういいよ。やらない」

と言うと、ロウとダニーのふたりが同時に、早く、早く、もったいない、とせかす。仕方がなく、もう一度おなじ作業を繰り返す。ついでダニーへ。間髪いれずにもう一巡。あまりの喉の熱さに咳きこんでしまう。三人ともぼくをみて、げらげら笑う。ロウはぼくら三人の吸引をうらやましそうにみている。このハシシュはジョンが用意したものだった。一本二十ドル。ダニーとジョンがふたりでお金をだしあって買ったかどうか知らないが、ロウには吸う権利がないようだった。ぼくは誘われるがままにつきあったので詳しいことはわからないが、友だちだからといってみんながシェアするものではないようだ。

「ヒヅキ、どう?」

「喉が痛い。でも気分はかわらないよ」

「嘘だよ。フリーク・アウトしているよ。なあ、ダニー?」

「目が赤くなってるよ」

「でもいつも通りだよ」

自分の目の色がどうなっているかどうかはわからないが、気分はかわらなかった。ただ、喉が焼けるように痛いことだけをのぞいて。ジョンとダニーのふたりの様子は明らかに変化していた。〝ニコッ〟とした表情から〝ニター〟といった笑顔になっていた。目は涙目になり、少々赤みがかっている。ジョンの変化がとくに顕著だった。

「さあ、もう一回いこうか」

「おれは本当にもういいよ」

「そんなこと言わないでさ。もっと気分がよくなるよ」

ぼくは薬《ドラッグ》をやめる理由を必死に探していた。

「おれ、あまり薬《ドラッグ》、好きじゃないな。お酒のほうがいいよ。アルコールのほうが楽しい」

「アルコールもいいけど、ハシシュもいいよ。ここではアルコールより安いしね。イヌイットにとっては、ハシシュがお酒がわりだよ」

ダニーはそう言ってのけた。

無気味な笑いを浮かべながらジョンはナイフをふたたび温めだした。ハシシュの一片がのったナイフから「幻想の世界へトリップする煙」がでてくる。ジョンがおなじように繰り返す。そして、ぼくへ。ぼくはこれ以上吸引をつづけたら、自分の意識を平常に保つことができるかどうか自信がなかった。別にこの場で平常である必要があるとは思わない。みんなで気持ちよくなり、楽しい気分になればいい。なにもかも忘れて。ただ、ぼくは弱い人間である。〝この場〟の問題ですまないのではないか、ということが頭をよぎる。麻薬の味を覚えたくない。そんなことをぼくの順番になったとき考えていた。煙を吸いこむ。そして、すぐに大きく咳きこんだ。咳きこみながら、「もう無理。無理。喉が、喉が……」と言い、咳きこみをつづけた。「幻想の世界へトリップする煙」はだれの口に入ることなく、でつづけていた。それを横でみていたロウがあわてて煙のほうへ口をもっていった。そして、煙を大きく吸いこんで、息を止め、ダニーへとまわした。ダニーが吸引しているあいだ、ロウは吸った煙を大きく吐きだし、言った。

「もったいないからね」

早々にリタイアしたぼくを抜かして、ダニーとジョンの吸引はつづいた。ロウがまともに〝参加〟できたのは、ぼくがリタイアした一回分のみだった。

一通り吸いおわったあと、ジョンがダニーに言った。

「おまえ、金ないの？」

「十五ドルならもってる」

「おれは一、二……七ドル。もう一本、買わない？」

「もういいよ」

そのあと、ダニーとジョンの会話がイヌクティトゥト語に変化した。五分ほど彼らの会話がつづく。ジョンはダニーを馬鹿にするような口調で、ダニーは憮然とした表情で。ぼくは会話の内容を

薬

理解することができなかった。急にジョンが英語でぼくに言う。

「ヒヅキ、いくらもってるの？」

「(財布を取りだし) 四百ドルかな」

「おお、リッチ！　ちょっとお金貸してくれない？」

「嫌だよ。これ全財産だもん」

「お願い (両手をあわせ、拝みながら)。もうすこし、やりたいんだ」

「帰るのに必要だから駄目」

ロウがぼくにわかりやすいようにゆっくりとしっかりした口調で言う。

「おれさ、バイトしてて、明後日にバイトの金が四百ドル入るのね。明後日にはお金返せるから、二十ドル貸して」

ぼくの帰国は一週間後にせまっていた。お金はもろもろの経費ですべて必要だった。彼らの薬《ドラッグ》のためにだすお金など微塵もなかった。それに返ってくる保証もない。あったとしても、だす気はない。本当はぼくの財布には五百五十ドルと小銭が入っていた。

特別注

ヌナブト麻薬事情　ほとんどの国でそうであるように、アヘン、麻薬、幻覚剤などの所持、販売はカナダでも違法である。違法な薬物の所持は重大な罪で、最長七年間の禁固刑に処せられる。自分が使うためのほんの微量の所持であっても、所持は所持と見なされる。カナダ外部からくる人は、医薬部外品のステロイドも違法の対象になるので要注意。薬物取引は、すべてのアヘン、麻薬、幻覚剤に関してこれを譲渡、販売、管理、輸送、送付、配達、受けとることなどをすべて含む。薬物取引は告発されるべき罪状——ときとして終身刑もありえる——であっても、ヌナブトではいまだにあとを断たない。イカルイト（注27）、ランキン・インレット、ケンブリッジ・ベイの中心部は南部に直結する輸送手段の中枢であるために、違法薬物取引の温床となっている。薬物取引人の一般的な手口は、違法な薬物の包みを小さなコミュニティーを旅行する人に、そこに住む友だちにわたしてほしい、といって運んでもらうことである。包みが連邦警察（ＲＣＭＰ）に検査され、違法な物質を含んでいることがわかっても、運んだ人が薬物取引のかどで逮捕される（キャロル・リグビー）。若者の自殺の頻発、若年層の妊娠・出産、性的暴力や家庭内暴力などにならんで、アルコールや麻薬への依存症は、イヌイットの悩みの種になっている。一所懸命、この問題に対処しようとしている人たちもいる。テリー・ラデンは『北の国へ!!』でこう書いている。『パウクトゥーティト（イヌイット女性協会）は社会的、文化的、経済的にイヌイットの女性の立場を引きあげ、彼女たちにコミュニティー単位、地域単位、そして国家単位の問題にどんどん参加することを推奨している。パウクトゥーティトは、イヌイット文化のなかの、家庭内暴力や若者の自殺、薬物中毒といった繊細な問題に対して、はじめて公にアプローチをおこなった団体として有名である。現在の最重要課題は、イヌイットのなかに急速に広まりつつあるＨＩＶ／ＡＩＤＳについて、注意をうながすたしかな方法を見つけることだ。』

岩場の陰

風も吹いていないのに、部屋のカーテンが揺れている。太陽の光がぼくの顔と壁にかかっているポスターのモナリザの顔を交互に照らす。何時だろう、と思いながら、窓の外を夢現《ゆめうつつ》に眺める。目のまえには小さな湖があり、湖面は表面上おだやかさをたもっている。湖の左には、もう使われなくなってかなりの時間が経っているのか、老朽化した犬橇《そり》が投げ捨ててある。その横で白い大きな犬が橇《そり》にもたれるように座っている。大きな犬なのに、ちょこんと。目を細め、なにかを考えているようにもみえる。ゆっくりと腰をあげる。細くした目は苦痛に歪む。犬が寄りかかっていた橇《そり》の側面には真っ赤に染まった毛がこびりついている。うしろ足のつけ根からお尻にかけて、きれいな白い毛が血で染まっている。よたよたと跛《びっこ》をひきながら、そいつは歩く。そいつはピピーを殺した犬らしく、ミクピに銃で撃たれてしまったらしい。そいつはぼくらの家のほうを振り返ることなく、どこかにゆっくりと歩いていった。ぼくはそいつのうしろ姿を家の窓から眺めていた。

家にはだれもいない。仕事、学校へとみんながそれぞれでかけている。時間は午前十一時半。そろそろみんなが昼食を食べに、帰ってくるころだろう。今日はだれとも話したくない、ぼくをなにかがそんな気持ちにさせている。だれとも話さないためには、家の外にいかないと、と思い、あてもなく外へでかける。

村の中心部に小高い岩丘がある。ぼくはこの場所が好きで、天気がいい日にはよくここに来て村と海を眺めている。今日は雲ひとつなく、空は澄み切っている。時折、岩の合間からは極北でシクシク（注28）と呼ばれているリス科の小動物が顔をだす。体長は四十センチメートルほどで、体重はおそらく一キログラムに満たないぐらいだろう。全身は茶色の毛で、背中部分だけが灰色と白の斑模様で覆われている。イヌイットのわんぱくな子どもたちはシクシクをみかけると、小石を投げつけ、巣に逃げ帰る彼らを追いかける。夏の極北では、村のいたるところでシクシクが動きまわっているのが目につく。ぼくが座っている場所から二、三メートル離れたところで、二匹のシクシクがぼくの様子をうかがいながら、落ち着きなくちょこまかと動きまわる。ぼくは煙草に火をつけ、村をみわたす。だれかが学校の近くでこちらに手を振っている。ヒヅキー、ヒヅキー、大きな声でぼくを呼ぶ。大きな体躯に、カーリー・ヘア。遠くからでも輪郭でだれだかわかる。ドルトルだ。ぼくはなにも言わず、手を振る。彼は走ってこちらに向かってくる。彼が岩の丘を登ってくる気配を察したのか、ぼくのまわりにいた二匹のシクシクは岩間の巣に逃げ帰る。肩で息をする振動で、ドルトルのお腹の脂肪も揺れ動く。

「なにしてるの？」

「べつに。学校は？」

「今おわったところ。ご飯食べにいこうよ」

「いや、いいよ。お腹すいてないんだ」

そっか、おれは腹ペコだよ、と言いながら、彼はぼくの横に腰をおろす。煙草ちょうだい、と彼は身振りでぼくに合図を送る。ぼくは最後の一本が入った煙草の箱とライターを彼の手にわたす。彼は煙草に火をつけながら、からっぽになった煙草の箱を握りつぶし、シクシクが逃げ帰った巣のほうにゴミになった煙草の箱を無造作に投げる。ぼくらは無言で海をみつめる。風の音はなく、煙草がジリジリと灰になっていく音だけが耳にのこる。

「極北の夏はいつもこんな感じなのかな？」

「そうだね。でも夏ももうおわりだね」

ぼくの問いに、ドルトルは煙草の煙を燻《くゆ》らせながらそう答えた。またしばらく沈黙がつづいたあと、ドルトルが小さい声で海に向かってなにかを言っている。ぼくの耳にはナヌーク、ナヌークと言っているように聞こえる。

「なに言ってるの？」

「ホッキョクグマを呼んでいたのさ。ナヌーク、ナヌークって。昔、まだ小学生だったころ、お父さんがカナダ南部の都市ウィニペグにある動物園に連れていってくれたことがあったんだ。そこでいろいろな動物をみたよ。象とかライオンとか、いろいろね。そこに一匹のホッキョクグマもいたんだ。そのホッキョクグマは背中をみせたまま、こっちを向かないんだ。カブルーナとその子どもたちは、注意をひこうと一生懸命そのホッキョクグマになんかを言っている。でも彼はこっちをみない。そこでぼくはイヌクティトゥト語で彼にこう言ったんだ、ナヌーク、こっちだよ、こっちをみてごらん、ってね。そうしたら、彼はぼくの顔をみたんだ。まわりの大人たちも子どもたちもぼくを怪訝《けげん》そうな顔でみていた、ホッキョクグマと話せるのかって。それから、なんとなく、たまに、海に向かって言ってみるんだ。ナヌーク、ナヌークってね」

ドルトルはぼくにそんな話をしてくれた。この極北の地のどこかにいるナヌークに語りかけているのか、その動物園にいるナヌークに語りかけているのか、ぼくはそんなこと聞かなかったし、どうなのかわからなかったけど、ドルトルのナヌークと言う、唇の動きをなんとなく眺めていた。しばらくして、じゃあ、ご飯食べにいくからと言いのこし、ドルトルは家に帰っていった。ぼくにドルトルはなにを言いたかったのだろう、とそのあと一時間ぐらい、ただ、ただ、考えていた。

午後一時すぎ。お昼の時間がおわり、村はゆっくりと動きだす。お腹はすいていないけれど、なんとなく、スーパーで、スパムの缶詰、牡蠣《かき》のオイル漬けの缶詰、ビスケット、ペプシを買う。

牡蠣《かき》のオイル漬けは賞味期限がすぎているけど、いつものこと。スーパーで会うみんなには、メイリーンが探していたよ、と言われるけど、愛想笑いでやりすごす。今日はひとりでいたいんだ、だれとも話したくないんだ、なんてことはおくびにもださない。

この村で唯一孤独になれる場所がある。それは、村とゴミ捨て場をつなぐ一本道沿いにある岩場の陰だった。通常、この一本道にはだれも顔をださない。一日に数回ゴミの運搬車と汚水処理車が通るだけ。たまにゴミ捨て場になにかを探しにいく人はいるけれども、そんなのはまれだ。だから、ゴミの運搬車に注意さえすれば、だれにも話しかけられず、ひとりになれる。村の人にはゴミ捨て場にはいくな、と言われていた。夏のこの時期、ホッキョクグマがたまにゴミをあさりに顔をみせる。だけれども、ぼくはいった。みんなの忠告を無視して。なぜだかはわからないけれど、とても落ち着く場所。スーパーの袋をぶらさげて、ぼくは一本道を歩きだす。

村にただ一軒あるスーパーの裏の小高い丘の上にガソリンを貯蔵する大きな白いタンクがふたつ。そして、その横に村全体の電気を管理するパワー・ステーションがある。そこから村の外に向けて一本道はある。八百メートルほどの道のいく末はゴミ捨て場。途上には汚水処理場所があるだけ。無数の小石が散乱した整備されていない道を歩く。お昼がおわって間もない時間のせいか、ゴミの運搬車も汚水処理車も通りかからない。

ゴミ捨て場に近づくにつれ、空を飛び交っているカモメの数が増える。八百メートルの道のりは汚水処理場所を頂上にして、くねくねと曲がりながら、ゴミ捨て場にいくようになっている。汚水処理場所といっても立派な設備があるわけではない。直径百メートルあるかないかの水のたまり場に二十メートルほどの黒く、使い古されたパイプが木でつくられた土台に据えられているだけ。そこに汚水処理車が来て、タンクにパイプを接続し汚水を流すだけだ。ゴミ捨て場の入口には、三枚の白い板をつなぎあわせた看板がある。英語とイヌクティトゥト語で管轄省、管轄省大臣の名前、いくつかの注意事項が黒字で記されている。ヌナブト準州が設立してから約三年が経っているが、掲示板には「北西準州」という文字と準州マークが大きく印字されている。看板のうしろ側、海を背景に岩山と人工的な砂山に囲まれるようにゴミ捨て場はひっそりとある。極北のゴミはどこにいくこともなく、ただ時間が経つのを待ってい

Northwest Territories
Granular Material Stockpile

る。燃やせるゴミは燃やされたあと、燃やせないゴミは地上で残骸をさらしながら。一歩、一歩ゴミの山に近づくと、足元から無数のハエが飛散する。ぼくの赤い靴の横には、カリブーの頭部が転がり、ゴミの山のふもとには皮をはがされ白骨化しかかっているベルーガが丁寧にもこちら側を向いている。ベルーガの死骸は脂肪部分がまだ若干のこっており、腐敗した強烈な臭いが鼻につく。カリブーの頭部はまだ新しいのか、原型をとどめており、ガラス玉のような眼球にハエが止まっている。家庭内のゴミが山を築いている。ジュースの空き缶、おむつ、ポテトチップスの袋、冷凍食品のパッケージ……。少々の風ではびくともしない。ただ、空き缶を数メートル吹き飛ばすだけだ。ゴミ捨て場にはいくつもゴミの山ができあがっている。家電製品を中心としたゴミの山、木、プラスチックなど家の資材の山、使われなくなり部品を抜き取られた重機、車、スノーモービル、四輪バギーの山……。その山々のあいだにカリブー、ベルーガ、アザラシなどの死骸が無造作に転がる。一匹のアザラシは体の原型はのこしているが、きれいに目の玉がくり抜かれている。上空には無数のカモメ。ゴミ捨て場を取りかこむ岩山と砂山には十五羽のカモメが居ならび、薄ら笑いを浮かべてこちらをみている。カモメの泣き声がキー、キー、といった機械音のように聞こえる。

たった村から八百メートルしか離れていないゴミ捨て場。隔絶されたようで隔絶されていない場所。ここは人間の営みすべてを映しだす。ぼくは一本道を村のほうへ三百メートルほどもどり、ゴミ捨て場が一望でき、村がみえるかみえないかぐらいの岩場の陰に腰を据えた。ここだと一本道からすこし入っており、ゴミの運搬車が来ようが、だれかが通りかかろうが、死角になってみえないはずだ。スーパーの袋からスパムと牡蠣《かき》の缶詰をとりだす。スパムを缶詰から取りだし、ポケットから取りだしたナイフで切る。ビスケットの上にスパムをのせる。左手にはビスケット、右手はオイル漬けの牡蠣《かき》を手でつまむ。左手はスパムのあぶら、右手はオイルまみれ。一心不乱に両方を食す。ふと気がつくと、左手指先から、血がスーパーの袋にしたたり落ちている。ナイフで左手の中指を切ったらしい。白い袋に赤い点々がつく。左手で袋からペプシを取りだす。青いペプシの缶に血の化粧がほどこされる。ペプシを一口飲み、ペプシの缶を岩と岩のあいだに固定させる。一本道のほうからエンジン音が聞こえてくる。ゴミの運搬車だ。向こうからはみえないと思いつつも、なんとなく身を屈《かが》める。白い運搬車はゴミ捨て場のほうへ。運搬車は荷台からゴミをおろす。またひとつ小さなゴミの山ができる。運転手は慣れた手つきでゴミを処理しおえると、ふたたび運転席に乗りこみ、車を村のほうへ走らせる。ぼくの存在には気づかない。中指からの血は、牡蠣《かき》の缶詰のなかにのこった薄黄色いオイルにしたたり落ちる。オイルと血はうまく混ざらない。

食べ物の匂いを嗅ぎつけたのか、シクシクがすこし離れたところからこちらをみている。カモメはあいもかわらず馬鹿にしたような機械音をだしつづける。腹がたったので、カモメに小石を投げつける。届くわけもなく、小石は一本道にただ落ちる。シクシクは口をもぐもぐさせながらその様子をみている。

雲がでてきて、風が噎《むせ》び泣く。中指からもう血はでていない。小さな傷口が指にかすかな痛みをのこしているだけ。もう何回運搬車は一本道を通りすぎただろう。三回までは数えていたけど、こしばらくは通らない。時計の針は、八時半をさしている。どおりで運搬車が通らないはずだ。あたりは暗くなりつつある。カモメのいらつく声はもう聞こえない。

みんなはぼくを探して、心配していることだろう。いや、きっと、怒っているにちがいない。ぼくは岩場の陰に隠れて、なにをしていたんだろう。なにもせず、なにも考えず、ただ、隠れていただけ。とにかく、もう帰ろう。乾いた血がついたビニール袋にゴミをいれる。一本道をでて、村のほうへ歩きだそうとすると、空からなにかが降ってくる。白くて冷たいものが降っている。ゴミ捨て場のほうも、村のほうにも雪が深深《しんしん》と降る。もうすこししたらこの白いものは村もゴミも覆い隠すのだろう。歳月駸駸《しんしん》たり。極北の夏はおわりをつげる。

別離

「ヒヅキ、あと何分？」

「五分ぐらい」

マイケルは村から空港まで、通常なら十五分ほどの道のりを、五分でいこうと、こげ茶色のフォードの車を懸命にとばしていた。

「間にあわないかもね」

メイリーンはぼくの横ですこし心配そうな顔をして、言った。

「でも、間にあわなかったら、間にあわなかったで、仕方ないわね。そしたら、あなたはここにのこって、イヌイットと結婚して、たくさんの子どもをつくって、イヌイットになればいい」

メイリーンは心配しながらも、クスクスと笑いながら、ぼくの肩を叩き、そう言った。ぼくも笑い、それもいいかもしれない、とつぶやいた。

窓の外には青い海が広がっている。透明の水色の空は、果てしなくどこまでもつづいている。水面は鏡のように空を映し、空は母なる愛で海を包む。遠くの海と空の境目をみつめていると、空は現《うつつ》に、海は幻《まぼろし》の世界に感じる。海には無花果《イチジク》のような形をした島が浮いている。島のまわりには赤、緑、黄色のボートがそれぞれ海に浮かんでいる。赤のボートは水面を動きまわり、緑のボートはそのあとにゆっくりとつづく。黄色のボートは水面に静止している。おわりが近づく北極圏の夏、最後のベルーガ猟をしているようだ。

右側に滑走路がみえてきた。白い小型の飛行機は滑走路を動きだしている。ヒヅキ、もうでてるぞ、マイケルが慌てた顔をして、ぼくに言う。ぼくは、そうだね、と言いながらも、海の波間を眺めていた。

「あれはちがうわよ。あっちに止まっているやつよ」

メイリーンは冷静にそう言った。

飛行機の出発予定時刻より、三分ほど遅れて、飛行場に着いた。飛行場といっても、味気ない滑走路とプレハブ小屋がぽつんと一軒建っているだけだ。

「ようやく来たわね。待ってたわよ」

フライト・アテンダントの制服を着た金髪の女性は、ぼくが荷物をもって、駆けこんでくるのをみて、そう言った。ここから搭乗するのは、あなただけよ、ぼくのパスポートとチケットをチェックしながら、そう言った。

ぼくはマイケルとメイリーンに別れを言おうと、彼らをみた。

「ヒヅキ、今度は五月に来ればいい。五月のこのあたりはまたちがった魅力があるからな」

マイケルはそう言うと、ぼくの手を握りしめてくれた。メイリーンは涙をすこし拭いながら、ぼくを力強く抱きしめた。ぼくはなにか言おうと、言葉を選んでいた。だけれども、なにか言葉を発すると、涙がでそうな気がしたので、必死に涙を堪えながら、ただ一言、コヤナミ（ありがとう）、としか言えなかった。

ぼくは飛行機に乗った。自由席なので、村がよくみえる窓際の席に座った。ゆっくりと飛行機は滑走路を走りだした。前輪が浮き、後輪が浮く。窓の外には車の横で手を振っているマイケルとメイリーンの姿がみえる。堪えきれず、涙が指に落ちた。飛行機は透《す》き通った空を飛んでいく。下には村がみえてきた。涙を止めることはできなかった。まわりの乗客はみてはいけないものをみるように、ぼくをチラチラとみる。港の近くにはマイケルとメイリーンの茶色い家がみえる。点のようにみえながらも、家の外では子どもたちが遊んでいるのがわかる。ぼくがよく買い物したスーパーの横にはすでに、新しいプレハブが建っている。村の中心にある青い壁の警察署はもうほとんどできあがっている。学校の近くにある黄色いブランコのまわりでは、子どもたちが自転車に乗っている。村とごみ捨て場をつなぐ道……ゴミを運んでいる大型トラックがあいかわらず行き来している。

涙はとめどなく流れる。なんで涙がでるのか、わからない。うれしいのか、悲しいのか、どの感情がこうも心を揺れ動かすのか。わからないまま、ただ、ひたすら泣くしかなかった。

ぼくは成田空港にいる。九月中旬ということもあってか、半袖に色の黒い人がぼくの横を大勢通りすぎる。青白い顔をしたぼくは、イヌイットからもらったイヌクティトゥト語の文字が入った黒のウィンドブレーカーを着ている。

向こうから空港の職員の腕を左手にもち、右手には杖をもった、目のみえない中年のおばさんが歩いてくる。おう、帰ってきたよ、そう携帯で話しながら、色黒の若者がぼくの横を通りすぎる。若者の肩がおばさんの肩にぶつかった。空港の職員は、気をつけなさい、といったような目で若者をみた。おばさんはなにが起きたのかわからずに、うすい茶色のサングラスのなかの瞳を動かしている。若者は、そんなおばさんをシカトした。おれが悪いんじゃない、目のみえないおまえが悪いんだ……彼が心のなかでこんな捨て台詞《ぜりふ》を吐いているようにぼくにはみえた。

夜、ぼくは赤坂にいる。駅まえのホテルで夜景をみながら食事をしている。ホテルの一フロアを占めているこのお店はエレベーターを降りると、ワイングラスが敷き詰められている壁が目のまえに広がり、カウンター横にはシガー・バーもある。店の窓からは東京の夜景がみえる。海もなければ、ベルーガもいなければ、カリブーもいない。ただ、蒼いお尻はチラホラ。もうすでに蒼くもないか。右手にはビール、左手には箸。ホタルイカの沖漬けを口に運ぶ。あ、そういえば、ミーちゃんは元気だろうか。あれから一か月ほど経ったがまだ働いているだろうか。食事がおわったら、久々に顔を出してみるか。

ぼくらはそんなにすぐにはかわらないんだよ、きっと。そんな囁《ささや》きがぼくの耳をつく。

あれから四年後——あとがきにかえて

「ケナルガ」

リトル・ナヌークの村長はぼくにこう命名した。イヌクティトゥト語でベルーガを意味する。夏の期間ぼくがリトル・ナヌークを訪れると、かならず村の周辺にベルーガが大量に出現し、ぼくが旅立つのと同時にベルーガもあてのない旅にでる。また、リトル・ナヌークでもおおくの人があてのない旅にでた。ぼくにイヌイットの物語を語ってくれた村最高齢だった夫妻は二〇〇六年年明けから夏にかけて相ついで亡くなった。夫、享年九十二才、夫人、八十五才。ふたりの墓は海がよくみえる位置に仲よく並んでいる。メイリーンの叔父のジョー・エングーは今年の冬、スノーモービルで狩猟にでかけ、帰らぬ人となった。発見した人によると、彼のスノーモービルは獲物を追いつづけているかのように、雪氷の上を走りつづけていたという。おおくを語らない、寡黙な人だった。村のおおくの人が彼から銃の扱い方を習い、ボートの運転の仕方を教わり、ハンティング・スポットを授けられた。よきハンターだった。ぼくが滞在した家のお隣の若きイヌイットも旅立った。一緒にベルーガ猟にいき、ミクピと同じようにボートの先端で銃をかまえていた姿は印象的だ。二十歳になるまえに自ら命を断った。彼は悲しみに打ち勝つことができず、希望をみいだせなかった。

あれから四年の月日が流れた。村には警察署ができ、ふたりの警察官が常駐するようになった。スーパーは新しくなり、古い建物は在庫置き場兼事務所になっている。学校の体育館も新たに建設された。学校の目のまえにある黄色いブランコはかわらない。村をでる人もいれば、新しくやってくる人もいる。マイケルとメイリーン一家と仲よくやっていたある家族は来月には、隣町に引っ越すという。「もうリトル・ナヌークにはいたくない」彼らはぼくに会うたびに村の悪口を口にする。噂によれば奥さんが浮気をしたとか、ミクピに性行為をもちかけたとか、それが彼らの移住の理由らしい。真偽はわからないが、まあ、どうでもいい話だ。

蒼いお尻をしていた若者たちも新たな人生を歩みはじめた。

ミクピはクルとうまくいっているようだ。三歳になろうとする息子と一歳になったばかりの娘がいる。酒を飲んで咽《むせ》び泣いていたあの夜が懐かしい。二十三歳になった彼はホンダにまたがり、ひとりでカリブー猟にでかけるようになった。銃の腕前はあいかわらずだが、なんとか、カリブーの肉塊を家にもち帰る。少しは立派になったらしい。薬《ドラッグ》はやめた。煙草と酒はやめない。定職にはつかず、金があるときはパティをやりに出かけていく。気が向いたら狩猟にいく毎日だ。

ドルトルは結婚して男の子ができた。ドルトルに似て、二歳のくせにやたら体格がいい。リトル・ナヌークでは職がないため、隣町で老人介護の仕事をしながら、家族仲よく暮らしている。休みのとき、時折、リトル・ナヌークに顔をだす。

ジョンは昼間に姿をみかけることはあまりない。夜になると、目を真っ赤にして、腫れぼったい瞼《まぶた》をこすりながら、現れる。彼にも一歳になろうとする娘がいる。普段はガールフレンドが子どもを預かっているが、週に一日だけ彼に子どもと過ごす時間が与えられている。ガールフレンドとは話すこともなければ、顔をあわすこともあまりない。復縁の可能性は限りなくゼロに近い。夜は金があれば、パティをやる。そして、財布に忍ばせたハシシュを友人たちと吸引する。銃の腕前はだれもが認めている。だが、四年まえに比べて、狩猟にいく機会は少なくなった。呂律《ろれつ》がまわらず、トロンとした目が印象的だ。

ジー・ジーはどこかにいってしまった。いや、どこかにいるかもしれない。神のみぞ知る。いや、神も知らない。彼のお友だちのサタンだけが知っているだろう。一年まえに最愛の母を亡くした。彼が唯一信頼していた人だった。悲しみにあけくれて、自暴自棄に。そして、姿がみえなくなった。

ミクピの幼い弟イザーミンと妹ピグルクは銀歯だらけの口のなかを真っ黒にして、家で噛み煙草をやっている。イザーミン十歳、ピグルク八歳。

ある晩のことである。だれも寝たがらない部屋であいもかわらず蒼いお尻をしたぼくは夢のなかで黒い物体と格闘していた。なんだか気持ちの悪い一日だった。マイケルとメイリーンの弟夫妻が隣町にいる親戚を介してお酒を入手した。お酒はここでは貴重品だ。村では建前上、投票で禁酒となっているが、規則をまもっているものはごくわずか。高い金をだしてお酒を手に入れて、身内だけで内緒に痛飲する。弟夫妻は親族を招いてその日はお酒を楽しんでいた。マイケルとメイリーンも招かれた。息子のミクピも顔をだす。ぼくも招待された。ビールを飲んだ。ウォトカを二本空けた。ペプシと混ぜながら、青と赤のウォトカの瓶はあっという間に空になった。笑って、泣いた。時折、酒の匂いを嗅ぎつけてか、村人たちが家を訪問する。あわてて瓶を隠す。瓶は隠れても、匂いは隠せない。きっと気づいていただろうけど、家を訪れた村人は何気ない話をして、帰っていく。「一緒に飲まないか」という誘いはない。

午前二時ごろ。千鳥足になりながら、みんながそれぞれの家に帰っていく。ミクピは自分のアパートを借りたので、両親の家には帰らない。ぼくとマイケルとメイリーンの三人は海沿いの道を歩いて、港近くにある家に帰っていく。道端にはもうすでに使われなくなった大型の重機類やら緑のペンキが剥げかかっている少し大きめの船が寝転がっている。九月の極北の海は騒ぎたてず、静かに波音だけを村に届ける。夏でもなければ、冬でもなく、秋という単語も似あいそうにないこの風景。時空の狭間をぼくらは家路に着いた。

胃壁がなんだが痛い。黒い物体がドロドロになった胃壁に噛みついているようだ。黒い物体はどうやらお酒が好きらしい。お酒が入ると、黒い物体は大きくなり、元気になる。トゲトゲした八本の足が歩くたびに胃壁を削ぎ落としていくのもかなわない。おまけに、体の内側から泣き叫ぶ。うん？　いやちがう。こいつが泣き叫んでるんではない。ピグルクの泣き叫ぶ声だ。

「マミー、ダディー」

ピグルクが廊下で大声をあげている。ちょっと待ってくれ、ぼくは黒い物体と格闘中だから。

「ヒヅキ、ヒヅキ」

部屋の目のまえからメイリーンの声。ピグルクがぼくの部屋を開ける。涙はで尽くした。鼻水だけが彼女の鼻から流れ落ちている。部屋のまえの廊下では、マイケルがメイリーンに馬乗りになっている。

「ふざけやがって。なんで、なんで……」

マイケルは涙声でメイリーンに問いかける。マイケルが力強く握りしめたメイリーンの白いシャツが破ける。ヒヅキ、ヒヅキ、メイリーンは絶叫に近い声をあげる。白いブラジャーに茶色いスパッツ。ピグルクは小さな握り拳でマイケルの背中を叩く。ぼくはマイケルの背中をつかみ、メイリーンから引き離そうとした。マイケルはなかなかの重さだ。マイケルはスパッツも剥ぎとり、メイリーンのピンクのパンツも力ずくで脱がした。

「あんなじじいと寝やがって。ふざけやがって、ふざけやがって……」

ブラジャーを取られたメイリーンはあっという間に丸裸になった。ぼくはマイケルを後ろから羽交い絞めにして、リビングに連れていった。彼をソファーに座らせて、廊下に散在した彼女の服を咽《むせ》び泣くメイリーンの手元に置いた。ぼくはリビングにもどり、涙流れるマイケルの隣りに座った。

「ヒヅキ、あいつ浮気したんだ。隣りの家のやつと寝たんだ。なんで、なんで……」

リビングからは煙草部屋の壁に立てかけられた銃が二丁と水タンクの上に二箱の銃弾があるのがみえる。メイリーンは裸のままリビングにやって来た。大きなお腹に黒っぽい小さな乳房がふたつ。横には白いタンクトップに黒と白の縞模様のパンツを履いたピグルク。お互い泣く力もない。左の瞼《まぶた》に小さな瘤《こぶ》をつくったメイリーンは、大きな黒いお尻をこっちに向けて受話器をとる。マイケルは机の上にあるテレビのリモコンを左手に取り、すぐさま立ちあがり、右手で彼女から受話器を取りあげ、床に叩きつける。メイリーンはコードレスの子機を手に取り、マイケルの広いおでこを叩きつける。黒い子機は黒いまま。赤には染まらない。マイケルは右手で彼女のカーリー・ヘアをつかみ、左手のリモコンで彼女の頭部頂上を打つ。白いリモコンは白いまま。赤くはならない。小さな娘はリビングの片隅でただ、ただ、大声をあげるだけ。ぼくは彼らのあいだに入る。マイケルの肘が胸にあたる。メイリーンは両爪でマイケルの顔をひっかく。右目の下からうっすらと血がでる。ふたりの目から枯れた涙がまた出てくる。涙の貯蔵庫は枯渇するのは早いが、また、すぐいっぱいになる。涙声と英語とイヌクティトゥト語。ようやくふたりを引き離し、マイケルを煙草部屋に連れていく。マイケルの涙の貯蔵庫はまだ枯れない。銃弾の横にある青い煙草の箱を手に取り、煙草を唇でくわえる。ライターはなかなか頑固者で火をだしてくれない。ぼくはポケットからライターを取りだし、彼の煙草に火をつける。ぼくもポケットから煙草の箱を取りだし、口に運び、火をつける。マイケルは煙草の煙を肺のなかに入れていない。煙は空中を人間の意思なしに自由に動く。彼は全身の力を抜き、足を投げだす。投げだされた足は黒い銃に引っかかる。黒い銃は倒れて、銃口がぼくに向けられる。ぼくは銃口をぼくからそっとはずし、その銃と天井に銃口が向けられている二丁の銃を両手でもち、ぼくの背の部分にある隙間にそっと入れた。マイケルの煙草の灰が彼の足元に落ちる。ぼくは煙草を消して、リビングにいく。メイリーンは服を着て、電話をしている。涙が頬をつたわる。ピグルクは彼女の足元で寝ている。煙草部屋にふたたびもどると、マイケルは新しい煙草をくわえている。煙は息吹とともに彼の口からでていく。彼は嗚咽しながら、手鼻をかむ。黄色い液体は白いタイル張りの床をぬらす。渇いた口から唾もでる。そして、透明の涙も床に落ちる。声にもならない声が彼の体内から湧きでる。煙草の灰はまた床に落ちる。

「俺はただ、ただ、狩猟が好きだ（I just love hunting）」

ヒヅキ、わかってくれ、俺はこれだけだからさ、これだけが言いたいんだ、そんなことをつぶやきながら、彼は、狩猟が好きだ、を繰り返した。彼の声か、彼らの声か、彼の内側にいる黒い物体が彼に言わしているのか。彼はうわ言のようにそれを繰り返すだけだった。

あの晩からさらに約一年が過ぎた。二十六歳になったぼくは酒を飲み、煙草を吸い、ギャンブルをやる。薬《ドラッグ》はやらない。ここ数年、人を殴った記憶はない。だが、だれかの心に傷をつけていることはしている。

イヌイットの大地をはじめて訪れてから十六年の日月が流れた。そのあいだ、ほとんどの時間をぼくは日本で過ごした。彼らの生活にお邪魔したのは、ぼくの人生のほんのわずかな期間。彼らはぼくの生活にお邪魔しない。時折、心にひょいと顔をだす。ぼくときみとの関係もかわってしまった。きみがどういう風にかわったかは知らない。ぼくが一方的にかわっているだけかもしれない。

この紙のうえに登場するぼくときみは実在するのだろうか。すべての出来事、会話、行動、感情、表情は真実だろうか。それとも、偽りか。真実なんてものがあるのかさえわからない。人間は残念ながらファジーな生き物である。残念なことではなく、それがこの生き物のよさかもしれない。だからこそこのようなファジーのままでおわりをつけるのである。

蒼いお尻をしたぼくはきみのことがわかったのだろうか。蒼くても、蒼くなくても、わからないかもしれない。

二〇〇七年八月　礒貝日月

注

注1 イヌクティトゥト語　イヌクティトゥトInuktitutは、アメリカ北部では原住民の話す言語としては、はじめての公用語に指定された。この言語は極北全体で使われており、北極圏内のイヌイットInuit同士はおたがいのことばを理解することができる。現在、バフィン地方Baffin Region、キバリク地方Kivalliq Regionおよび東部キティクミウト地方Kitikmeot Regionでは、イヌイット語は独特の音節文字と呼ばれる文字で表記されている。そして西部キティクミウト地方ではアルファベットを用いて表記されている。

一九七〇年代なかごろから、イヌイットたちは北極圏全域で言葉が通じるようにするため、イヌイット語の標準化につとめてきた。標準化の結果つくられたイヌイット語の「新正書法」はすこしずつ普及してはいるが、標準化は現在も進行中である。キティクミウト地方では、イヌイットの言語はイヌイナクトゥンInuinnaqtunと呼ばれる。バフィン地方とキバリク地方では多くの言葉の発音が似ていて、ヌナブトNunavut西部の人びとには両方の地域の言葉がわかる。ジョア・ヘブンGjoa Haven、タロヨアクTaloyoak、ペリー・ベイPelly Bay（現クガールクKugaaruk）などで話されている言葉と、バフィン地方やキバリク地方で話されている言葉には共通点はあるが、言語そのものの構造はかなり異なる。ヌナブトの西端に住む人びとの多くは英語ができるが、学校からビジネスの場にいたるまで、あらゆる場でイヌイナクトゥンを普及させようとしている。東へ行くにしたがって、イヌイットの言葉が使われている度あいは強くなる。音節文字は当初ジェームズ・エバンス牧師Rev. James Evansがクリー Cree族のために考案したもので、のちにイイギリス国教会の宣教師だったエドムンド・ペックEdmund Peckを通してイヌイットに伝えられた。

《標準イヌイット語の発音》i（イ）u（ウ）a（ア）pi（ピ）pu（プ）pa（パ）ti（ティ）tu（トゥ）ta（タ）ki（キ）ku（ク）ka（カ）gi（ギ）gu（グ）ga（ガ）mi（ミ）mu（ム）ma（マ）ni（ニ）nu（ヌ）na（ナ）si（シ）su（ス）sa（サ）li（リ）lu（ル）la（ラ）ji（イ）ju（ユ）ja（ヤ）vi（ビ）vu（ブ）va（バ）ri（リ）ru（ル）ra（ラ）。喉音のk……qi（キ）qu（ク）qa（カ）。鼻音のg……ngi（ンギ）ngu（ング）nga（ンガ）。ちなみに、イヌイット語には母音が「i」「u」「a」の三つしかない。エ段、オ段はそれぞれイ段、ウ段におきかえるしかなく、したがって「コゲ」も「クギ」と同音として扱われる。母音を少々長めに発音するのもポイントだ。また「h」「f」の音がないので、ハ行の音はほかの子音におきかえられる。（アン・ミーキトュク・ハンソン）［「二〇〇三年度／第三回カナダ・メディア賞」**大賞受賞作品、日本語版　岸上伸啓監修・礒貝日月日本語版編『北の国へ‼』（清水弘文堂書房）から］以後の注は、右記の本か礒貝日月著『ヌナブト』（清水弘文堂書房）のいずれかの本から転載したものか、筆者がその内容にもとづき要約したもの。それ以外の注は、ネット・サーフィンでみつけた情報。その場合はアドレスを明記。なお、『北の国へ‼』から転載した注がおおいので、その場合は、各注の文末にいちいち出典を明記せず、筆者名のみ記載」。**

イヌイットの若者と日本　プロローグⅡ　東京・赤坂

注2　ヌナブト　正式名は、ヌナブトNunavut準州。旧北西準州の中部および東部に住むイヌイットは旧北西準州から分離独立し、自分たちの準州を創りだしたのがヌナブト準州である。一九九九年四月一日に創出され、イカルイトIqaluitが州都に定められた。同準州の総面積はカナダ全体の五分の一に相当する。同州は、行

政上、東部・北部のバフィン地方Baffin Region、南部のキバリク地方Kivalliq Region、中部・西部のキティクミウト地方Kitikmeot Regionの三地域に分けられている。ヌナブト準州は、カナダ国を形成する準州のひとつであり、けっしてヌイットの自治領ではない。しかし、人口の約八二%がイヌイットであるため、同準州は実質的にイヌイットの国である、といっても過言ではない。(岸上伸啓)

注3

イヌイット　カナダの極北ツンドラ地域には、イヌビアルイトInuvialuitとイヌイットの人びとが住んでいる。イヌビアルイトは現在の北西準州(西部北極圏)に住むイヌイットの同族であるが、方言が大きく異なっている。カナダ政府の統計などでは、両者はイヌイットとして一括して呼ばれることがおおい。四万人あまりのカナダ・イヌイットは現在、北西準州とヌナブト準州、ケベック州極北地域、ラブラドール、都市部に住んでいる。そのうちの約半数にのぼる約二万人あまりのイヌイットがヌナブト準州に住んでいる。ヨーロッパ系カナダ人は極北の民を呼ぶときに「エスキモーEskimo」という言葉を使用してきた。カナダ先住民の言葉であるオジブワOjibwa語やクリーCree語では「エスキモー」とは「生肉を食べるやから」を意味する。カナダにおいて先住民運動が盛んになってきた一九七〇年代ごろから、「民族蔑視につながるような意味を持つ他称を民族名として使用することは適切ではない」として、政府関係、マスコミ界、教育界では「イヌイット」が使用されることになった。日本でも最近、教科書やマスコミ界では「エスキモー」のかわりに「イヌイット」を使用するようになってきた。イヌイットとは、「イヌックInuk(人)」の複数形で「人びと」や「人間」を意味する。日本の「アイヌ」民族とおなじく、母語で「人間」を意味する名称が民族名となったのである。しかし、ここで注意しておくべき点がある。カナダにおいては「イヌイット」が公称であるが、ほかの国の場合にはそうではないという事実である。かつてエスキモーと呼ばれた人びとは、現在、ロシア、アメリカ領アラスカ、カナダ、デンマーク領グリーンランドの四か国に住んでいる。百年以上におよぶ植民地化や国家への併合によって、異なる国に属しているエスキモーは異なる歴史を歩んできた。ロシアには現在、千人あまりのユピギートが住んでいるが、彼らの公称は「エスキモー」である。アラスカには大別すれば、アラスカ北西地域にイヌピアート（単数ではイヌピアック）が一万五千人あまり、アラスカ中部および南西地域にはユピート（単数形はユッピック）が三万人あまり住んでいる。彼らはイヌイットと呼ばれるのを好まず、むしろアラスカ・エスキモーと自称することがある。カナダには四万人あまりのイヌイットと同族のイヌピアルイトが住んでいる。グリーンランドには、自称イヌイットヤイトが四万人あまり住んでいる。彼らは母語で「グリーンランド人」を意味する「カラーリット」を公称として使用し始めている。このように見ると、「エスキモー語」を母語とする人びとは十三万人あまりが存在しているが、彼らをさす総称がないことがわかる。ロシアやアラスカでは「エスキモー」という名称が使用されており、カナダのように「イヌイット」が正しく、「エスキモー」がまちがっているとは簡単には断言できない。（岸上伸啓）

注4

イヌイットの遊び　もっとも人気があるイヌイットのゲームのひとつは、アクサーラクaqsaaraq（手で引っ張るゲーム）。腕引きarm pullingは二種類ある。ハイ・キックhigh kickも人気がある。これは三種類ある。ひとつめは足二本のハイ・キックtwo-foot high kick、ふたつめは足一本のハイ・キックone-foot high kick、それからアラスカン・ハイ・キックAlaskan high kick。飛行機のように、鳥のように飛ぶゲーム airplane/bird flight、アザラシ跳びseal-hop、アータウヤクaattaujaq（チームを組んでボールを死守するゲーム）、アマルーヤクamaruujaq（オオカミを追いかけるゲーム）、アクサクaqsaq（鳥の名前のチーム名をつけておこなうサッカー）、ティグルーティtigluuti（相手の肩やこめかみを触るゲーム）、唇を引っ張るゲームlip-pulling、頭を引っ張るゲームhead-pull、ジャコウウシのけんかmuskox fight、足相撲leg wrestleなどがある。地面に水平に張られたロープの上でおこなわれるイヌイットの器械体操も何種類もある。『ほとんどのゲームが、実はサバイバルのための技術からヒントを得たものである。逆にサバイバルする力があるか

を試すのに、ゲームが使われたりもした。』（デビット・セルコアク）

注5

ドラム・ダンス　ドラム・ダンスは、子どもの誕生祝い、結婚の儀式、季節のかわり目、狩りの成功、その年最初の獲物を捕獲した祝い、訪問者の歓迎、死者の弔いなどで披露される。ドラム・ダンスはあらゆる年齢層の人たちに愛されていた。伝統的には、歌い手（たいていは女性）が円になって座った。ときどき男性が最初の踊り手に立候補し、そうでないときは歌い手のうしろに座っている数人の男性が、ひとりの男性を推薦して踊らせる。だれもでてこないときは、女性たちが歌いはじめる。こういうときの歌は、たいていそこにいるひとりの男性を指して「個人の歌」（ピシートpisiitと呼ばれる）を歌う。そうするとその男性がでてきて踊るのである。お茶休憩がすこしあるほかは、ドラム・ダンスは夜通しつづけられる。女性と子どもたちはダンスがおわりにさしかかるまでずっとドラムたたきに参加する。ドラム・ダンスは今では昔ほど重要ではなくなってきたが、いくつかのコミュニティーではまだおこなわれている。アルビアトArviat、ベーカー・レイクBaker Lake、ランキン・インレットRankin Inlet、リパルス・ベイRepulse Bay、ジョア・ヘブンGjoa Haven、クグルクトゥクKugluktuk、ケンブリッジ・ベイCambridge Bay、ペリー・ベイPelly Bay（現クガールクKugaaruk）、タロヨアクTaloyoak、そしてイグルーリクIgloolikなどでおこなわれている。残念なことに、伝統的な理由でドラム・ダンスがおこなわれることはあまりなくなってきた。今はほとんどの場合、《観光客》に見せるためである。大きな祝祭で踊られることもある。たとえば協議会の開会式や祭、卒業式、そしてときには、ドキュメンタリー映画制作の現場などで。（デビット・セルコアク）

注6

喉歌　通常ふたりの女性によって演じられる。歌い手たちは向かいあって立つ。ひとりがもう片方より背が高くてもいい。それぞれの歌い手は別々の音を早いリズムで繰り返す。低音部がこの喉歌の特徴であるが、これはいろいろな鳥や動物の鳴き声をまねたものである。ときどき、喉歌は、だれがいちばん長く歌っていられるかというコンテストとしておこなわれる。喉歌をひとりで歌うことができる女性もいる。彼女たちの場合は、大きなボウルややかんを口の近くに当てて反響音をつくりだしているのだ。この方法はアルビアト地域ではごく一般的である。（デビット・セルコアク＋筆者）

注7

ガイシンのおじさん　C・W・ニコル。40年7月17日生まれ。作家。『英国南ウェールズ生まれ。17歳でカナダに渡り、その後、カナダ水産調査局北極生物研究家の技官として、海洋哺乳類の調査研究に当たる。67年より2年間、エチオピア帝国政府野生動物保護省の猟区主任管理官に就任。シミエン山岳国立公園を創設し、公園長をつとめる。72年よりカナダ水産調査局淡水研究所の主任技官、また環境保護局の環境問題緊急対策官として、石油、化学薬品の流出事故などの処理に当たる。80年、長野県に居を定め、執筆活動を続けるとともに、84年より、森の再生活動を実践するため、荒れ果てた里山を購入。その里山を『アファンの森』と名付け再生活動を続ける。01年、この森での活動や調査等をより公益的な活動を全国展開するためにNPO法人を設立。02年よりC・W・ニコルアファンの森財団の代表。95年7月、日本国籍を取得。』（http://www.afannomori.com/）著作、『誇り高き日本人でいたい』（アートデイズ）『森にいこうよ！　地球絵本』（小学館）『森から未来をみる―黒姫高原で考えたこと　NHK人間講座』（日本放送出版協会）『C・W・ニコルのボクが日本人になった理由（わけ）』（ビオシティ）『風を見た少年』（講談社）『盟約　上下巻』（文芸春秋）『C・W・ニコルのおいしい交遊録』（清水弘文堂書房）『勇魚　上下巻』（文芸春秋）『エコ・テロリスト　ぐるーぷ・ぱあめの本』（清水弘文堂書房）『C・W・ニコルのおいしい博物誌1と2　ぐるーぷ・ぱあめの本―富夢想野帖シリーズ』（テレビ東京編　南　健二写真　清水弘文堂書房）『ティキシィ』（角川書店）『冒険家の食卓』（角川書店）『ぼくのワイルド・ライフ』（クロスロード）など多数。

注8　オーロラ　冬の北極を旅する多くの者が天空で探すのは、北極光、すなわちオーロラである。オーロラは、大気中にある微量のガスが、太陽からの荷電した粒子によって活性化され発光することによって現れる。オーロラは通常、北磁極North Magnetic Poleを中心とした「オーロラ楕円《だえん》」として知られる五〇〇～一〇〇〇キロメートル幅の広い地帯で起こる。オーロラはヌナブト中で見られるが、かすかな光で、緑がかった色彩が変化するさまは畏敬《いけい》の念を起こさせる。イヌイットの伝統によれば、オーロラに向かって口笛を吹くと近くにやってくるそうである。気をつけて！　ときどきオーロラが赤みを帯びるのは、彼らの死にざまを象徴しているのだという。(ジョン・マクドナルド)

注9　〝北極〟の〝イメージ〟の担い手は、捕鯨者、探検家、冒険家、学者、ジャーナリスト、宣教師、カメラマン、貿易者……などなどであった　『一八二〇年代に、ヨーロッパやアメリカから来た人たちが、ヌナブト東部で捕鯨をはじめた。それによりホッキョククジラは激減し、イヌイットたちは外から来た捕鯨者のまわりに集まって暮らすようになる。その結果、それまで彼らの土地にはなかった重い病気と新しい道具の両方が、ヨーロッパやアメリカからイヌイット社会へ持ちこまれた。』(スー・ロウリー)というのが定説。アトランダムに〝北極〟の〝イメージ〟の担い手としてバフィン島Baffin Island周辺にかぎってあげてみる。一五七六年にマーチン・フロビッシャーMartin Frobisherが、バフィン島で「金ではないか」と思われた金属を発見(金ではなかった)。一五八五年には、おなじく北西航路を求めて来ていたジョン・デービスJohn Davisがカンバーランド海峡Cumberland Soundを探検。一六一〇年にはヘンリー・ハドソンHenry Hudsonが、北西航路探索に失敗したあと南にくだって北アメリカ沿岸を探検してハドソン川Hudson Riverやハドソン海峡Hudson Straitを発見したが、一六一一年、部下に現地に

おき去りにされて死亡した。その五年後には、ウィリアム・バフィンWilliam Baffinとロバート・バイロットRobert Bylotがその海岸の地図を作成。一六一六年、バフィンとバイロットはスミス海峡Smith Soundまで北上し、ランカスター海峡Lancaster Soundとジョンズ海峡Jones Soundへの入口を発見。そして南へもどりながら、彼らはバフィン海岸の大部分を地図にした。十九世紀初頭に、北西航路を探す探検がふたたび流行しだした。ジョン・ロスJohn Rossは、一八一八年にランカスター海峡に入ったが、海峡ではなく湾であると勘ちがいをした。その翌年、彼の補佐役であったウィリアム・エドワード・パリーWilliam Edward Parry少尉がランカスター海峡を通り抜ける。そしてさらにその翌年の夏には、彼はアドミラルティー入り江Admiralty Inletとネービー・ボード入り江Navy Board Inletを発見。一八二一年には、海軍本部の命令で、パリーはイグルーリクIgloolik地方を探検し地図をつくるために、そこでふた冬を越す。一八四五年には、ジョン・フランクリン卿Sir John Franklinが、大規模な探検隊を連れてランカスター海峡に入っていき、そのまま消息を絶つ。皮肉ないい方をすれば、この遭難は、北極圏のことを「その地に住む人たち以外の人たち（おもにヨーロッパ人と北米人）」に知らしめるためには、大きな役割を果たすこととなった。なぜなら、この探検隊の捜索のために、一八四七年から十年間だけでも四十の遠征（探検）隊が現地を探査し、現地の情報を伝える役割を果たしたからである。この捜索は一八八〇年までつづけられた。なかで有名なのは、チャールズ・フランシス・ホールCharles Francis Hall。彼はフロビッシャー湾Frobisher Bayを一八六〇年から一八六二年まで探検した。イギリスからの捕鯨者たちは、ホッキョククジラを求めて、一八一七年にバフィン島までやってきた。ホッキョククジラは、油や、コルセットや馬車のムチなどの伸縮性と柔軟性が必要な製品に加工できるヒゲが珍重されていた。一八四〇年、スコットランドのピーターヘッドからきた捕鯨船船長のウィリアム・ペニーWilliam Pennyは、カンバーランド海峡への入口を発見。一八五〇年代には、捕鯨者たちは春にすぐ捕鯨にとりかかれるように、カンバーランド海峡で越冬するようになった。アメリカやスコットランドの会社は、カンバーランド海峡北海岸のケケーテン島Kekerten Islandと、南海岸のブラックリード島Blacklead Islandに基地をつくった。同年、エドムンド・ペックEdmund Peck牧師はイギリス国教会の宣教所をブラックリードにつくった。その宣教所は一九二六年まで、存続。一九〇三年、スコットランド人により、ポンド・インレットPond Inletの近くのアルバート・ハーバーAlbert Harbourにも捕鯨用の基地がつくられた。一九一二年には、カナダから二隊、ニューファンドランドから一隊の探検隊が金を求めてポンド・インレットへ。一九一一年から一九二六年にかけて、サベラム会社Sabellum Co.は、バフィン地方南部各地で点々と営業活動を展開。バフィン地方の歴史には、科学的な研究が大きな影響を与えている。一八八二年から一八八三年には、ドイツの気象学の探検隊がカンバーランド海峡のサーミリク湾Sermilik Bayで、国際北極年の一環として越冬。その翌年、草分け的存在の地理学者であり民族学者であったフランツ・ボアズFranz Boasも、カンバーランド海峡でひと冬を越している。その後、彼が出版した広範な内容のレポート『中部エスキモー』は、カナダのイヌイットに関する最初の民族学研究となる。一九〇九年には、鳥類学者のバーンハード・ハンツBernhard Hantzschがイヌイットを連れてフォックス海域（海盆）Foxe Basinへ旅行。一九一一年に死亡。旋毛虫病が原因とされている。地質学者であり、探鉱者でも映画制作者でもあったロバート・フラハーティーRobert Flahertyは、一九一三年から一九一四年をアマドジュアク湾Amadjuak Bayで越冬している（ケベック州北部で彼の製作した映画『極北の怪異［極北のナヌーク］Nanook of the North』は民族学映画の古典）。一九二一年から一九二四年にかけて、クヌド・ラスムセンKnud Rasmussenと彼の五回目のチューレ探検隊Thule Expeditionはイグルーリクで民族学の調査を実施。南バフィン島の内陸部は一九二〇年代に、バーウォッシュBurwash、ソパーSoper、ウィークスWeeks、そしてヘイコックHaycockたちによって探検され地図がつくられた。一九三六年と一九四〇のあいだには、イギリスとカナダ合同の探検隊がフォックス海域（海盆）のほとんどの地理学上の調査をおえている。（基礎資料　ケン・ハーパー）

注10　カナダ・ヌナブト準州内の全二十八の村　①ランキン・インレットRankin Inlet ②アルビアトArviat ③ホエール・コーブWhale Cove ④チェスターフィールド・インレットChesterfield Inlet ⑤ベーカー・レイクBaker Lake ⑥コーラル・ハーバーCoral Harbour ⑦イグルーリクIglooolik ⑧ホール・ビーチHall Beach ⑨リパルス・ベイRepulse Bay ⑩ペリー・ベイPelly Bay ⑪タロヨアクTaloyoak ⑫ジョア・ヘブンGjoa Haven ⑬ウミングマクトゥークUmingmaktok ⑭バサースト・インレットBathurst Inlet ⑮クグルクトゥクKugluktuk（クルグトゥク）⑯ケンブリッジ・ベイCambridge Bay ⑰レゾリュートResolute ⑱グリス・フィヨルドGrise Fiord ⑲アークティック・ベイArctic Bay ⑳ナニシビクNanisivik ㉑ポンド・インレットPond Inlet ㉒クライド・リバーClyde River ㉓パングニルトゥングPangnirtung ㉔キキクタリュアク（ブロートン島）Qikiqtarjuaq（Broughton Island）㉕イカルイトIqaluit ㉖キンミルトKimmirut ㉗ケープ・ドーセットCape Dorset ㉘サニキルアクSanikiluaq——二〇〇七年現在、鉱山の町、ナニシビクとウミングマクトゥークが廃村となり、コミュニティーは二十六になった。また、ペリー・ベイはクガールク（Kugaaruk）に名称を変更した。

注11　ホッキョクグマ　イヌイット語ではナヌークnanuq、ナヌーnanuという。極寒の北極海に並はずれて適応している。すばらしい泳ぎ手であるため、ほとんど海氷上か水のなかで生活をしている。この能力と適応力のおかげで、ホッキョクグマは首尾よく主要なエサであるワモンアザラシをとらえることができる。というのも、ワモンア

ザラシは、海氷上の呼吸穴、浮氷のへり、氷の割れ目、ポリーニヤ（開氷域）などで見つかるからだ。ヌナブトのホッキョクグマは、孤独な生き物で、たいてい冬は一頭で旅をする。もし一頭以上のクマが一緒にいるのを見たら、それは多分、母グマと子グマであろう。子グマは生まれてから二、三年は母親と一緒にいる。ヌナブトに生息するホッキョクグマは、フィヨルドや湾岸などの氷が最後までのこっている場所に集まってこざるをえなくなる。すっかり氷がとけてしまうと、ホッキョクグマは、植物や、小動物、浜辺に打ち寄せる死体以外のエサの選択ができなくなり、ときどき、腹をすかせたホッキョクグマが、町のゴミ捨て場から漂う匂いに引き寄せられ、人間のコミュニティーに迷いこんだりする。ホッキョクグマは、ヌナブト全土に生息するが、とくにバロー海峡やランカスター海峡、バフィン島東部および東南部、ジョンズ海峡の北部全体などでよく見られる。（ジェロム・ナップ）

注12

ベルーガ　夏になると、三種類の北極純血種の**シロイルカ**（ベルーガ**beluga**＝イヌイットの人たちはキナルガク**qinalugaq**、またはクイラルガク**qilalugaq**と呼ぶ）、**イッカククジラ**（ナールホエール**narwhale**＝トゥーガーリク**tugaalik**　またはアラングアク**allanguaq**ともいう）、**ホッキョククジラ**（アルビク**arviq**）を見ることができ、それはとても荘厳な景色だ。ときどき、ほかのクジラも見ることができる。三種類いる北極種のクジラのなかでもっとも数が多く、広範囲に分布しているのはシロイルカ（ベルーガ）である。六万頭以上、おそらく十万頭くらいは北極海とその周辺の海に生息している。シロイルカ（ベルーガ）は、暗い海のなかではひときわ目立つ。毎年夏になると、多数がおなじ場所に集まってくるが、この小さな歯を持つクジラは、北極のクジラのなかでもっとも群居性が高く、もっともおしゃべりなようで、浅瀬で何時間もはしゃいだり、明らかに楽しそうにおたがいに鳴いたり、さえずったり、舌打ちのようなことをしている。実際、昔の捕鯨者からは「海のカナリア」と呼ばれていた。体長が約四～五メートルに達するシロイルカ（ベルーガ）は、ヌナブト中で見られる。ひろびろとした水域や流氷のある場所で冬を越し、春とともに北へ向かって移動する。神秘的な海のユニコーンであるイッカククジラもまた、ヌナブトには多く生息するが、シロイルカ（ベルーガ）とくらべるとその生息範囲は制限される。その大半は北のデービス海峡Davis Soundと南のバフィン湾Baffin Bayで越冬する。そして、六月のおわり間近になると、ランカスター海峡Lancaster Soundや、バフィン島Baffin Island北部にある深海やフィヨルドなどの地域へと向かう。ほかにもハドソン湾Hudson Bayで冬を越す一群がいて、春になるとハドソン湾北西に向かって移動する。イッカククジラの平均的な体長は四メートルで、体重はほぼ二トンである。その存在を有名にしたのは、クジラの腰まわりにあるまだら模様ではなく、本来はのびすぎた歯のように見える上あごからねじれた、印象的な乳白色の牙である。何百年もまえ、想像力に富むヨーロッパの捕鯨者が、思いがけずイッカククジラの牙を発見したことにより、ユニコーンの存在が噂された。牙を持つイッカククジラの大多数はオスであるが、ときどき、メスもおなじように牙を生やしていることがある。この付属器官の役割はいまだに解明されていないが、何世紀ものあいだには、さまざまな学説が支持されてきた。もっともよくいわれるのは、攻撃的な行動を示すために牙が存在する、ということだが、科学者たちは、セイウチの牙のように、社会的地位を決定するために利用されるのではないかと考えている。ホッキョククジラは巨大な北極種のクジラであり、体長一八メートル、体重一〇〇トンにも達する。この穏やかな巨獣は、一八〇〇年代と一九〇〇年代初頭には絶滅寸前になるまで捕獲された。今日でも、北極東部に生息する数はたいへんすくなく、絶滅危機状態にある。かつては、おなじ場所に一万一千頭以上のホッキョククジラがいたが、現在では千頭以上はいない、というのがほとんどの生物学者の一致した意見だ。しかし、近年、「ヌナブト協定Nunavut Land Claims Agreement（NLCA）」が締結され、はじめてホッキョククジラの法的に認められた捕獲の道が開かれた。一九九六年八月に、ヌナブト全土を代表した猟師のグループがこの歴史的な捕鯨に参加した。二回目にホッキョククジラが捕獲されたのは一九九八年だ。シャチは、北極で冬を越さないために、純粋な北極のクジラとは考えられていないが、夏に移動してくるため、ヌナブトにもゆかりがある。この肉食獣は、威嚇しているかのような名前（シャチは英語でキラー・ホエールkiller whaleと呼ばれる）にふさわしく、魚やアザラシ、それに小さなクジラまで捕食する。ヌナブトのホッキョククジラの数が、絶滅の危機から立ち直れないのは、シャチがホッキョククジラの子どもを捕食していることも一因だと考えられている。シャチは、氷がとけはじめると、アザラシやクジラの群を追跡しようとする。そして、フォックス海域（海盆）Foxe Basin、ハドソン湾、ハドソン海峡Hudson Strait、デービス海峡、ランカスター海峡、エクリプス海峡Eclipse Sound、アドミラルティー入り江Admiralty Inletで見ることができる。夏にヌナブトの海にやってくるほかのクジラとしては、シロナガスクジラとマッコウクジラがいる。世界一大きい哺乳動物であるシロナガスクジラは、体長が三〇メートル以上、体重が一〇〇トンに達する。この絶滅危惧種は、ときどき危険をおかして、カナダ海域の分布の最北端にあたるデービス海峡へやってくる。ハクジラのなかで最大のマッコウクジラもまた、ときどき、デービス海峡を訪れる。しかし、北極の海へやってくるのは、オスのマッコウクジラだけである。（マイク・ブラサイズ）

だれも寝たがらない部屋

注13 **テレビ**　「カナダ放送Canadian Broadcasting Corporation（CBC）」（この局は日本のNHKのようなもの）の北部支部はイカルイトIqaluitやそのほかのコミュニティーにテレビ電波を送信している。「イヌイット放送Inuit Broadcasting Corporation（IBC）」はイヌイット語でニュースや娯楽番組などを放送している。「テレビ北部カナダTelevision Northern Canada

（TVNC）」は北国の人と先住民による彼らのための番組づくりに専念している。北アメリカ中からテレビ番組をさまざまな種類持ってきて提供しているケーブル衛星放送は、広く各地で利用できる。（キャロル・リグビー）

生活

注14　スーパー　ハドソン湾会社Hudson's Bay Co.経営のスーパーがおおい。同社が当初取引していたキツネの毛皮が、すこしずつ、アザラシの毛皮へかわり、最近はアザラシの毛皮の需要が低下してしまったので、交易所は近代的なスーパーへと変身をとげていった。店内にATMがあるスーパーも。値段は高い。カナダの南にくらべて、約一・五〜二倍。日本の東京の《紀伊國屋レベル》の高級スーパーで買う食糧品より、さらに高いと思っていれば、まずまちがいがない。

注15　ホッキョクイワナ　アークティック・チャーArctic char。カナダやアラスカ産のイワナである。サケとマスのちょうど中間くらいの味。生身の冷凍、燻製も美味。ヌナブトに生息する魚のなかでも、この魚はとくにもてはやされる。多くの釣り人が世界でも最高の釣りの獲物だと考えている。ペリー・ベイPelly Bay（現クガールクKugaaruk）の近くでとれるチャーは、甲殻類を常食としていることを示すその味と独特な深紅の身で有名。

漁　アザラシとベルーガ

注16　猟　イヌイットたちの狩猟・漁労をぼくは、この本では乱暴に分類した。彼らはライフル銃をつかって、海の上でアザラシやベルーガを獲り、陸の上でカリブーを撃つ。これをぼくは〝猟〟と表現し、網で魚を捕る行為を〝漁〟とした。

注17　北西航路　カナダ北極圏は、北西航路発見にかけた西欧人の怨念ぬきには語れない。カナダ北極圏の歴史は、そのまま北西航路探索の歴史と言いきってても過言ではない。多くの探検家が古いヨーロッパ世界から東洋の新天地を目指し、「北の航路」を見つけようとした。土地や海につけられた名前から、彼らの名前に聞き覚えがあるかもしれない。十六世紀に活躍したマーチン・フロビッシャーMartin Frobisherとジョン・デービスJohn Davis、十七世紀のヘンリー・ハドソンHenry Hudson、十九世紀からはウィリアム・エドワード・パリーEdward Parry、ジョン・ロスJohn Ross、ジョン・フランクリン卿Sir John Franklin、ロバート・マクルアRobert McClure、そしてリチャード・コリンソンRichard Collinson。彼らは冬になると、危険をおかしてまで氷で閉ざされる荒海に乗りこんだ。北西航路の航海が成功したのは、過去の経験を生かしたからでもあるが、北に住むイヌイットたちの知識もおおいに貢献した。ロアルド・アムンゼンRoald Amundsenはキング・ウィリアム島King William Islandのネツリク・イヌイットNattilik Inuitから狩や漁猟、道具のつくり方など、生存に必要な知恵を積極的にとり入れた最初の人物である。また、北西航路を最初に通過した人物でもある。一六〇〇年代に、トーマス・ボタンThomas Button、少し遅れてルーク・フォックスLuke Foxeといった探検家たちが、北西航路を求めて、今のホエール・コーブの海岸線沿いを航海した。イヌイット語ではコーラル・ハーバーはサリクSalliq――本土のまえに位置する広くて平らな島を意味する。一六〇四

年に北西航路を発見するための航海をあと押ししたサザンプトン伯爵Earl of Southamptonの名にちなんで、イギリスの探検家トーマス・ボタンがその島をサザンプトン島Southampton Islandと命名した。一七〇〇年代に、北西航路の探検家たちがチェスターフィールド・インレットの入り江のなかを航海した。ジョン・ビーンJohn BeanやウィリアムWilliam・クリストファーChristopherといった船長たちは、この入り江を中国へつづく航路だと勘ちがいした。ここではその未知の航路を発見することはできなかったが、かわりにハドソン湾Hudson Bayでクジラをたくさん発見した。マーブル島には、一七二一年に鉱石と北西航路の探索の旅にでたジェームズ・ナイト船長Captain James Knightが航路を閉ざされ、ランキン・インレットから三十二キロメートル離れたこの場所で難破し、配下の六十人の船員もろとも命を落としたという歴史がある。一六一〇年に、ヘンリー・ハドソン（北西航路探索に失敗したあと南にくだって北アメリカ沿岸を探検してハドソン川やハドソン海峡Hudson Straitを発見したが、一六一一年、部下に現地に置き去りにされて死亡した）が北西航路を探して、それまでだれもが「バフィン島Baffin IslandとラブラドールLabradorのあいだの割れ目にすぎない」と思っていた場所を探検した。その海岸をたどり、ハドソンはついに彼の名前がつけられることになる巨大な内海を発見した。それを追ってほかの探検家たちも湾に分け入り、一七一七年ハドソン湾会社Hudson's Bay Co. はチャーチルChurchillに毛皮の交易所を建て、さらに西にいる先住民（ファースト・ネーションズ。昔はインディアンと呼ばれていた人たち）との交易を開始した。必然的に、これがキーワティンKeewatinにいるイヌイットたちとの接触につながった。一七一九年には、チャーチルの北方へ北西航路を探しにでたジェームズ・ナイト船長Captain James Knightの探検隊が行方不明になった。その探検隊の消息については、その後五十年ほどなにもわからなかったが、やっと住居跡と二隻の船がランキン・インレットRankin Inlet近くのマーブル島Marble Islandで発見された。乗組員は、地元のイヌイットたちの献身的な介護があったにもかかわらず、壊血病や飢餓で非業の死をとげていた。一七七〇年から一七七一年まで、サムエル・ハーンSamuel Hearneは、チペワイアンChipewyanのガイドであるマトナブビーMatonabbeeとともに、チャーチルからコパーマイン川Coppermine Riverまでを陸路で旅し、北極海に到達した白人第一号となった。ところが悲惨なことに、彼の連れの先住民たちが、歴史的に敵同士であったイヌイットたちを大量虐殺してしまった。コパーマイン川の入口──その事件ののちにブラディー・フォールズBloody Fallsと呼ばれるようになった場所でのことだった。この事件のことはさておき、ハーンのこの驚異の旅によって、ハドソン湾の南部あたりでは北西航路は見つけられないということが証明された。英語名のリパルス・ベイRepulse Bayは一七四二年、英国海軍に不満を抱きながら航海していた船長クリストファー・ミドルトンChristopher Middletonの命名である。彼は本来の目的地よりも、はるか北を航海してしまい、北西航路を見つけることができなかった。落胆した挙句、彼が航海していた海原をリパルス・ベイと名づけた。北西航路を求めて来ていたジョン・デービスがカンバーランド海峡Cumberland Soundを探検したが、彼はフロビッシャーとちがって、イヌイットたちと誠意のあるつきあいをした。一八二一年には、海軍本部の命令で、パリーはイグルーリク地方Igloolikareaを探検し地図をつくるために、そこでふた冬を越した。そして、そのあいだにイヌイットたちと友好的な関係をつくりあげた。一八〇〇年代なかばにグリーンランドへ移住した名高いキトドラルスアクQitdlarssuaq(キラクQillaq)の子孫である。キラクに導かれたイグルーリク地方出身者を含む四十名のイヌイットは、今も叙事詩として語り継がれている伝説的航海にでた。キラクは集団間の紛争を逃れた有名なシャーマンである。キラクとその仲間はグリーンランドの北西にたどりつき、そこにすでに住んでいたイヌイットのなかに定着した(キラクはグリーンランドでは本来キトドラクQitdlaqとつづられていた。のちにグリーンランドに到着後キトドラスアク「偉大なるキトドラク」として有名になった)。最初のヨーロッパ人との接触は一八二二年、ウィリアム・エドワード・パリー指揮官のもと、イギリスの海軍船フリーFuryとヘクラHeclaがイグルーリクで越冬したときであった。「北西航路を発見する」という目標を掲げた遠征自体は達成されなかったが、探検隊の将校のためにその周辺の正確な地図を描いたイリグリウクIlligliukとエウェラトEweratの協力をえて、パリーはその地域の人びとや土地、ハドソン湾の北側の海についてかなりの知識を得た。地元に言い伝えられている話だと、「白人は二度とこの地域を海路で戻ってこないでくれ」と願った復讐心に燃えるシャーマンの「力」によって、パリーの船はイグルーリクから出発したという。そして実際に、イグルーリク海域で、ほかの船が確認されたのは、ゆうに百年以上のちのことだった。タロヨアクTaloyoak地方の現代の歴史は、北西航路の探索と深くかかわっている。最初のヨーロッパ人による遠征は、一八二九年と一八三三年にジョン・ロス卿と彼のクルーが氷にはばまれた挙句、この地域をくまなく探検したことに始まる。一八四八年と一八六〇年には英国人と米国人船員が、フランクリン卿の遠征で行方不明になった隊員を探すために、広範囲にわたってこの地域を訪れた。東洋の富を求めるための北西航路発見――イギリスの探検家ジョン・フランクリン卿とその隊員一二九人の男たちの探検は、ウェリントン海峡Wellington Channelを航海したのち氷に行く手をはばまれ、一八四五年から一八四六年にかけての冬は、ビーチー島Beechey Islandですごすために引き返さなければならなかった。エレバス号Erebusとテラー号Terrorは無事、すばらしい港がある島の東側にいかりをおろした。その港は今なお、彼らがつけた名前のままである。そしてつぎの春、フランクリン卿とその一行は彼らにとって致命的な探検となる南西へと航海をつづけた。彼らは、氷にふさがれたピール海峡Peel Soundの海から、今もフランクリン海峡と呼ばれている氷の海を突き進んだ。一八四六年九月、二隻の船はキング・ウィリアム島King William Islandで氷に閉ざされてしまった。探検隊員たちは、一八四八年四月までそこにとどまったが、結局、船を見捨てざるをえなかった。そのときの生存者はキング・ウィリアム島に沿って南下したが、結局はだれひとりとして生還できなかった。一八四五年には、ジョン・フランクリン卿が、航路探検の大規模な探検隊を連れてランカスター海峡Lancaster Soundに入っていき、そのまま消息を絶ってしまった［英国海軍省のエレバス・テラーとともに二隻の船と一三四人の隊員を引き連れてテムズ川を出発。北西航路の発見が目的だった。この航海は近代的船舶——補助蒸気機関とプロペラ推進の機能を持っていた——の氷海実験もかねていた。ビクトリア海峡で氷に閉じこめられ、全員が遭難したのは有名な事件。皮肉ないい方をすれば、この遭難は、北極圏のことを「その地に住む人たち以外の人たち（おもにヨーロッパ人と北米人）」に知らしめるためには、大きな役割を果たすこととなった。なぜなら、この探検隊の捜索のために、一八四七年から十年間だけでも四十の遠征（探検）隊が現地を探査し、現地の情報を伝える役割を果たしたからである］。フランクリン卿のこの失敗は北極圏探検にとって新しい時期の始まりだった。この時期には、おもにフランクリン卿を探しだす航海がおこなわれたのである。この捜索は一八八〇年までつづけられたが、レゾリュートResoluteはイヌイット語でカウスイトゥクQausuittuqとして知られている。この名前の訳し方はいくつかあるが、「夜明けのない場所」というのが、もっとも一般的な訳である。この場所は、十八、十九世紀にヨーロッパの探検家が死に物狂いで探したアジアへの有名な航路、北西航路沿いのきわめて重大な中継点であった。この集落の名前レゾリュートは、ジョン・フランクリン卿配下の行方不明となったイギリスの探検隊の捜索に来た船のひとつ、HMSレゾリュートHMS Resoluteの名にちなんでつけられたものである。十九世紀初頭に、北西航路を探す探検がふたたび流行しだした。ジョン・ロスは一八一八年にランカスター海峡に入ったが、海峡ではなく湾であると勘ちがいをした。その翌年、彼の補佐役であったウィリアム・エドワード・パリー少尉がランカスター海峡を通り抜けるという旅をした。そしてさらにその翌年の夏には、彼はアドミラルティー入り江Admiralty Inlet、ネービー・ボード入り江Navy Board Inletを発見している。イヌイット人以外ではじめてこのカンバーランド海峡に足を踏み入れたのはジョン・デイビスJohn Davisというイギリス人であるといわれている。デイビスは、当時の人びとの想像をかき立てた東洋の豊かさへと導く北西航路を探し求めていた探検家であり、一五八五年、そしてさらに一五八七年にこの海峡を航行した。それ以降一八四〇年までヨーロッパ人がこの海峡にふたたび足を踏み入れることはなかった。一九〇三年から一九〇六年にかけて、ノルウェー人のロアルド・アムンゼンが、北極点の正確な位置を発見するためにキング・ウィリアム島で二回の冬を越している。彼が越冬した港は、今は彼の船の名をとってジョア・ヘブンGjoa Havenと呼ばれている。この入り江は北西航路上のキング・ウィリアム島の南東海岸に静かに横たわっている。ここはアムンゼンが一九〇三年から一九〇六年にかけて北西航路を探検した際、乗っていた木製の船の名をとってジョアと名づけられた。アムンゼンの北西航路発見の鍵は、「世界でいちばんすばらしい小さな港」ジョア・ヘブンを見つけたことにあるだろう。ジョア号はアラスカのノームNomeに一九〇六年に到達した。ついに北西航路を完走した船の第一号の誕生であった［ジョア（ヨーア）号は四十七トンの帆船。ヨーロッパ人の三百年になんなんとする悲願であった北西航路が樹立したのは、一九〇五年八月十三日］。一九九九年初頭、北西航路の歴史を展示した博物館がジョア・ヘブンにできた。フランクリン、アムンゼン、ラーソンLarsonの遠征時の所有物なども六月から八月まで一般開放している。キング・ウィリアム島のジョア・ヘブンにある北西航路準州歴史公園のウォーキング・トレイルを歩けば、当時の人びとの北西航路発見への並みはずれた執念がわかる。このルートは一九〇三年から一九〇六年にかけて、アムンゼンと彼のクルー六人の拠点となっていたこの土地の素顔を教えてくれる。（ケン・ハーパー）

注18

カモメ　**ゾウゲカモメ**は北極地域以外へ冒険することはほとんどなく、東部のハイ・アークティック（高緯度極北地域）で一般的に見られる。グリーンランドとカナダ間の浮氷の縁で冬をすごし、とくに五月下旬から六月上旬と九月下旬の移動時期には、ポンド・インレットPond Inletの浮氷の縁で見ることができるだろう。また、夏のあいだは内陸部にある集団営巣地に近い、ひろびろとした沿岸の海で見ることができる。カナダ北極ではめったに繁殖しないが、バフィン地方Baffin Regionでは幸運な観察者たちによって、ときどき、**バライロカモメ**が目撃される。ブーシア半島Boothia Peninsula、イグルーリクIgloolik、コーンウォリス島Cornwallis Island、マックコーネル川McConnell Riverにも散在していることがある。**クロトウゾクカモメ**と**シロハラトウゾクカモメ**はヌナブト中の北極ツンドラに巣をつくる。第三の種であるこれら**トウゾクカモメ**の生息地は、キティクミウト地方Kitikmeot Regionの一部と、バフィン島Baffin Island南部、サザンプトン島Southampton Island南部に限定される。《さっそうとした海賊》と表現されるように、ほかの鳥のエサを横どりする習性があるが、トウゾクカモメはレミング、ナキドリ、そのほかの海岸の鳥の卵や雛《ひな》を捕食することもある。三種すべては、クグルクトゥクKugluktuk、ケンブリッジ・ベイCambridge Bay、バサースト・インレットBathurst Inlet、ウミングマクトゥークUmingmaktokの周辺で見つかるだろう。北極にある大規模な海鳥の集団営巣地に匹敵する場所は、世界中にもそうないだろう。この海鳥を観察するためのすばらしい場所は、レゾリュートResoluteからアクセスしやすい、プリンス・レオポルド渡り鳥保護区Prince Leopold Migratory Bird Sanctuaryである。この小島の急な崖は、**ハシブトウミガラス**、**フルマカモメ**、**ミツユビカモメ**、**ヨーロッパウミバト**を含む、約三十七万五千羽の海鳥の巣となっている。おなじように海鳥の密集した光景が楽しめるほかの場所としては、ポンド・インレットから近いバイロット島渡り鳥保護区Bylot Island Migratory Bird Sanctuaryとグリス・フィヨルドGrise Fiordから近いコバーグ島Coburg Islandのニリュティカビク国立野生動物地区Nirjutiqavvik National Wildlife Areaがある。（マイク・ブラサイズ）

注19

アザラシ　カナダの海には九種類のアザラシが生息しているが、北極でよく見かけるのは**ワモンアザラシ**、**タテゴトアザラシ**、**アゴヒゲアザラシ**の三種類だ。地味なワモンアザラシとくらべて、ほかの海洋哺乳動物たちのほうが注目されやすいが、そのほとんどが、実はイヌイット社会では必要とされていない。およそ四千年ものあいだ、イヌイットは生活のほとんどすべてを、準州内でもっとも小さく、もっとも一般的な海洋哺乳動物であるナチィクnatsiq、すなわちワモンアザラシに頼ってきた。ワモンアザラシ（この名前がつけられたのは、成長すると、不ぞろいで中心が黒色をした薄い色の輪模様ができるから）は、昔から、イヌイットの食卓に欠かせない食糧だ。皮革は服に使われ、脂肪は、明かりと暖をとるための滑石（ソープストーン）製ランプの燃料となり、イヌイットは腸ですら容器やイグルーiglooの窓に用いていた。皮はまた、ハスキー犬の革帯やカミックkamiit（アザラシの毛皮でつくったブーツ）の底にもなった。今はそれほどまでは使われていないが、ワモンアザラシはいまだにヌナブトの人たちの大事な食糧源で、皮もブーツや手袋、数はすくないが、パーカやパンツ、それに手工芸品にも使われる。イヌイット文化でワモンアザラシが重要なのは、食糧資源として一年を通して利用できるからだ。一年を通して北極にいるというだけでなく、その個体数が優に数百万を超えていることが付加価値となっている。春になるとアザラシは、氷の割れ目や呼吸穴から身を乗りだして、日光浴をしてあたたまる。そういうときに、何匹かが一緒に寝ているのを見るかもしれないが、近づくことは非常にむずかしい。アザラシは、つねに油断しないで寝ているので、きたるべき危険に備えて数分ごとに周囲をチェックするのだ。ワモンアザラシは、水のなかではとても大胆不敵になるが、ボートが通りすぎるのを観察しようと、水のなかから、好奇心いっぱいにひょいと頭をだしたりもする。しかし、氷のない海でワモンアザラシを見つけるのはむずかしい。ワモンアザラシはヌナブトのいたるところにいて、北極と亜北極の海に生息している。何匹かはセントローレンス湾Gulf of St. Lawrenceまで冒険する。ワモンアザラシよりすこし大きいタテゴトアザラシは、背中にある黒くて竪琴の形をした《鞍》で見分けられる。タテゴトアザラシが、ワモンアザラシのように、イヌイットにとって不可欠な存在でなかったのは、おそらく陸地から離れた場所に生息しているからだろう。春になって海氷がすっかり減ると、タテゴトアザラシは北へ移住してくるので、夏にはおよそ五十万頭がヌナブトに生息することになる。秋が訪れると、もっとあたたかい南へともどっていく。イヌイットはタテゴトアザラシをカイルリクqairulikと呼ぶ。この種のアザラシは、北極の海で群れ、戯れることを好む。フォックス海域（海盆）Foxe Basin、ハドソン湾Hudson Bay北部と東部、フォックス半島Foxe Peninsula、デービス海峡Davis Sound、バフィン湾Baffin Bay北部にわたる準州の東部地域でたいてい見つかる。アゴヒゲアザラシは、ウジュユクugjuk、または「スクエア・フリッパーsquare flipper」と呼ばれることもある。ヌナブトのアザラシのなかではかわった種で、甲殻類、軟体動物、環形動物、ヤドカリ、貝などを食べる。エサを得るのにエネルギーを費やすにもかかわらず、アゴヒゲアザラシはとても大きくなり、最大で三五〇キログラムにもなる。より群居性の高いタテゴトアザラシやワモンアザラシとは異なり、アゴヒゲアザラシは、通常、大きな群れではなく、つがいや小さなグループで見つかる。このダークグレーの生き物は、ほとんどの時間を浮氷上ですごし、海底にいる食べもののために五〇〜二〇〇メートル潜ったりする。名前が示すように、アゴヒゲアザラシは口のまわりに長く垂れさがったひげが特徴である。その立派な体つきとはうってかわり、アゴヒゲアザラシはヌナブトにいるすべてのアザラシのなかで、もっとも用心深い。氷の上では、人間が接近してくるかなりまえに、もっと安全な場所へ移動する。水のなかではもうすこし大胆で、ボートが数十メートル以内に近づくのを許してくれたりもする。特別大胆なアザラシは、水をはねかけて消え去るまえに、近づいて見ようとボートの周囲をまわったりすることさえある。アゴヒゲアザラシは、ヌナブト中のとくに浅瀬で見ることができる（マリアンとマイク・ファーガソン）。アザラシを食べるときには、先祖たちの伝統にしたがう。一例をあげるならアルパヤクqalupajaqがそうである。二、三人の男たちがアザラシを囲んで、特別な切り方で切り分ける。女たちは数メートル離れたところで、こちらもひとところにまとまっている。男たちの会話は女たちに聞こえる。狩りの話、そのほかのうれしかった話。女たちはアザラシの話をしている。「こんなにたくさん手に入って幸せね」とか。そうしているうちに、男たちから女たちに肉がわたされる。アザラシの上肉は女だけが食べてよいことになっているのだ。最初は極上のひれ足である。ふたりの女が、みんなの分を切り分ける担当である。そこにいる全員に分けないと失礼になる。それからつぎに心臓を細切りにしてまわす。レバーもおなじようにする。背骨は上半分を女が分けてから、のこった下半分を男が食べる。あばら肉も、まず等分したあとに女が前身の部分を、男が後身の部分を食べる（アン・ミーキトュク・ハンソン）。アザラシの脂でクリクqulliq――半月型をした滑石（ソープストーン）製のオイル・ランプ。中身がくりぬかれて、そこに脂とランプの芯を入れるのだ――をつくり、明かりをとることもできた。（ピーター・アーナーク）

注20

彼らの先祖は狩猟採集民族である　千年ほどまえにチューレ文化Thule cultureを持つ人びとがこの地域にやってきた。今日のイヌイットは、チューレ直系の子孫である。チューレ人とは、アラスカを源として、千年ほどまえから極北カナダからグリーンランドまで徐々に勢力圏を広げていった人びとである。彼らの大規模な移住の要因は学者たちのあいだでもはっきりしていないが、極北の気候をうまく利用して狩猟地を広げ、足を踏み入れたことのない地域を開拓していったことは確かである。チューレ文化がヌナブトのほかの文化とくらべて群をぬいているのは、その発明の多さと環境への適応力だ。彼らはイヌゾリやカヤックなどの伝統的な移動手段に加え、「女の舟」を意味する「ウミアックumiaq」も使っていたと考えられる。この舟は皮でできた大きなボートで、ひとつの家族全体とその所有物をいちどにのせて動くことができた。ウミアックは普通女性が櫓をこぎ、男性は小さいがより早いカヤックで移動した。チューレ人は陸上・海洋哺乳動物、そして巨大なホッキョククジラなどの狩猟に非常にたけていた。チューレ人がこの地へ移住してきたとき、彼らは新しい人びとに出会った。すでに住んでいたのはドーセット人Dorset Inuit、あるいはトゥニートTuni:itと呼ばれる一千五百年あまり東部北極圏を支配していた人びとだった。トゥニートは現在もイヌイットのあいだで語り継がれている存在だ。イヌイットの老人たちは、その昔、手のこんだ芸術品をつくる巨人のような人びとがいて、チューレ人が来てから姿を消したという話を今もする。考古学者のなかには、トゥニートが滅びたのは野生動物や気候の変化に対する適応能力が十分になかったからではないかという人びともいる。トゥニートがカウマールビートQaummaarviitをも支配していたという証拠はないが、発見されたトゥニートの生活用具・道具は彼らがこの地にかつて住んでいたことを物語っている。チューレ文化は海洋文化だと考えられているが、カウマールビートのある位置は研究者たちにも多くの疑問を投げかけている。カウマールビートはフロビッシャー湾のなかでももっとも陸地に近いほうの入り江にあり、浮氷の境界から一〇〇キロメートル以上も離れている。しかし、ここで見つかった多種多様な動物の骨は、その陸地動物の豊かさゆえにチューレ人がこの地を選んだという可能性を示唆している。ここに住んでいた動物は、衣服や食物のために使われた。調査によって、カウマールビートは十八世紀のおわりごろ、資源がなくなったために人が住まなくなったということがわかった。研究者のあいだでは、チューレ人のこの地への移住は地球全体が温暖だった時期と一致し、彼らがこの地を離れた時期はだいたい紀元前一四〇〇年ごろはじまった地球全体の「小氷河期」と一致しているのではないかといわれている。（ドン・ピックル）

酒

注21　ドライ・カントリー　北西準州（NWT）とヌナブトでは、アルコールの持ちこみや消費についての規定がカナダ南部のそれとは大きく異なる。《北の国》の規則は複雑で、地域ごとに異なる。コミュニティーごとに投票で方針をかえることができるからである。アルコールはヌナブトを訪れる個人によって売られたり、流通されたりしてはならない。彫刻やそのほかのなにかとアルコールを交換したりするのも違法である。これらは

すべて密売とされ、ヌナブトでは重大な罪となる。つぎの量の酒を持ちこむのには特別の許可が必要となる。①一一四〇ミリリットル以上の蒸留酒かワイン②缶ビール（三五〇ミリリットル）十二本以上のビール。許可はイカルイトIqaluitにある北西準州酒類局でもらうことができる。持ちこまれるアルコールの量に応じて、料金が発生する。旅人は自家製のワインやビールを持ちこむことはできない。ヌナブトではそれぞれのコミュニティーがアルコールに対して、「禁止する」「制限する」「制限しない」という三つの規則のどれかを住民投票によって採択している。準州酒類条例にもとづいて、これらを破った個人は告発されうる。そして有罪になれば、罰金刑か禁固刑に処せられる。「禁止する」または「ドライDry＝かわいた（禁酒を意味する）」の状態のコミュニティーは、一定範囲内においてコミュニティーにアルコールを持って入ることは禁止されており、通過するとき以外でこれらのコミュニティーにおいて酒類を持ちこむこともつくることも完全に禁止している。通過中にすぎなくても見つかれば飛行機からおりてはいけない。禁止区を通過する際にはいかなるアルコールも封をされていなければならない。つぎのコミュニティーが「禁止する」を施行しているところである。キンミルトKimmirut、コーラル・ハーバーCoral Harbour、パングニルトゥングPangnirtung、ホエール・コーブWhale Cove、サニキルアクSanikiluaq、ジョア・ヘブンGjoa Haven、アルビアトArviat、ペリー・ベイPelly Bay（現クガールクKugaaruk）。アルコールに対して制限を設けているコミュニティーでは、その用途をとり決めている。これらのコミュニティーのほとんどで、コミュニティー内にアルコールを持ちこむためには、それぞれのアルコール教育委員会の許可をもらうことが必要である。申請はたいがい通るのだが、申請者が自分の飲酒に責任を持つことができないと判断された場合には却下される。きびしい制限区にアルコールを持ちこむ場合は、アルコール教育委員会やほかの認可をくれる団体にまえもって連絡しなければならない。制限を設けているのはつぎのコミュニティーである。アークティック・ベイArctic Bay、キキクタリュアク（ブロートン島）Qikiqtarjuaq（Broughton

Island)、ケープ・ドーセットCape Dorset、クライド・リバーClyde River、ホール・ビーチHall Beach、イグルーリクIgloolik、ポンド・インレットPond Inlet、リパルス・ベイRepulse Bay、レゾリュートResolute。「制限する」を施行しているいくつかのコミュニティーでは、「制限」の意味あいが、以上のコミュニティーとはやや異なっている。上記とはやや異なった「制限する」を施行するコミュニティーはつぎのとおりである。ランキン・インレットRankin Inlet、イカルイト、ケンブリッジ・ベイCambridge Bay。ランキン・インレットでは免許を与えられた売店がホテル内などに存在するが、そこでの酒類の販売はホテルの宿泊客に限定されている。ホテルに宿泊していない人が入っていってアルコールを購入することはできない。ケンブリッジ・ベイでは、制限は個々に適用される。酒類の使い道をまちがえれば、その後の酒類を注文する権利が剥奪される可能性がある。しかし、それ以外の制限はない。イカルイトではカナダ南部と同様にレストランでアルコールが飲めるし、ホテルにはバーやラウンジがあり、私営のクラブも数多く存在する。一方で、酒屋やビール店はひとつもない。ランキン・インレットとケンブリッジ・ベイについてもおなじことがいえ、アルコールの個人的な購入はイエローナイフYellow knifeから注文するか、カナダ南部から許可をとって持ちこむことが可能となる。イカルイトには酒問屋があるが、これは免許を持つ施設や特別の行事のために許可を持つものの需要、そしてほかのコミュニティーからの注文に対応するためだけにある。酒類を輸入するための制限はここでも適用されている。「制限しない」を施行しているコミュニティーは準州酒類条例からの規定のみしか受けていない。そのほかのアルコールの消費についてのルールを、これらのコミュニティーでは設けていない。そのコミュニティーとはつぎのとおりである。ベーカー・レイクBaker Lake、バサースト・インレットBathurst Inlet、ウミングマクトゥークUmingmaktok、チェスターフィールド・インレットChester-field Inlet、ググルクトゥクKugluktuk、グリス・フィヨルドGrise Fiord、ナニシビク

Nanisivik、タロヨアクTaloyoak。制限のない、または制限があるコミュニティーへ旅行するのがわかっていて、そこへ酒を持ちこみたいならば、イカルイトの酒専門店に注文をすることが可能である。こうすればヌナブトに酒を搬入するためにかかる費用と手間が省かれる。注文した酒類は航空貨物便に乗せられ、着払いでコミュニティーへ届けられる（受けとるときに貨物輸送代も払わなければならない）。もしアルコールに関する統制（規制）のある地域を旅行しているならば、その地域のアルコール教育委員会にまえもって注文を届けておかなければならない。それぞれのコミュニティーにおけるルールは複雑である。よってヌナブトにアルコールを持ちこみたいのならば、ヌナブト準州政府やイカルイト酒問屋に最新の状況を問いあわせることが重要である。二〇〇三年以降、大きなコミュニティーでは、徐々にではあるが、この酒に対する規制を緩和する方針を打ちだしているところもでてきている。（キャロル・リグビー）

注22

オンタリオ州の森のなかに住むオジブワ族の村　カナダのオンタリオ州北西部を流れるイングリッシュ・ワビグーン水系の中流グラシイ・ナロウズGrassy Narrowsに七百四十二人（周辺人口をふくめると千百九十五人＝二〇〇三年十二月発行の『インディアン条約３』関連資料による）、その下流のホワイトドッグWhitedogに八百三十九人（周辺人口をふくめると千六百三十六人＝グラシイ・ナロウズと同資料）のオジブワOjibwa族が住んでいる。どちらの村《バンド》も先住民指定居住区《ファースト・ネーション・リザーブ》のなかにある。どちらの村《バンド》も有機水銀中毒症——いわゆる水俣病におかされた人たちがたくさんいる。ぼくが訪れたのはグラシイ・ナロウズ。

盗人《ぬすっと》

注23　**イヌクティトゥト語の新聞**　最近まで、《北国の人たち》にとって、日刊の新聞を読むことができるというのはたいへん贅沢なことだった。現在、一日一回の空輸サービスができてからは、『ザ・グローブ・アンド・メールThe Globe and Mail』（日本の朝日新聞のような新聞）などカナダの日刊紙を数種と、たくさんの雑誌が手に入るようになった。小さなコミュニティーでは、日刊紙が手に入れられることはあまりないが、そのかわり『ヌナチャク・ニューズNunatsiaq News』、『ニューズ／ノースNews／North』、『キバリク・ニューズKivalliq News』といった北部の週刊新聞を読むことができる。こうした地元紙はどれも、ローカル色豊かでおもしろい。英語とイヌイット語が、紙面のなかに仲よく同居している。（キャロル・リグビー＋筆者）

おんな

注24　**イヌイットがつくった映画**　イヌイットたちの手ではじめてつくられた全編イヌクティトゥト語の長編劇映画『Atanarjuat（The Fast Runner）』（ザカリアス・クヌック監督）のこと。制作費は二百万ドル（約二億五千万円）。アタナジュアはこの映画の主人公。イヌイットの伝説に基づいた映画で、イヌイット社会に波風を立てる宗教家とふたりの兄弟の戦いを描いた作品。ぼくもみたが、はじめに想像していた以上にすばらしい映画だった。この映画はカンヌ国際映画祭で新人監督賞（カメラドール）を受賞した。

ペット

注25　ペット　犬について……イカルイトIqaluitにくると軟弱な犬が増える。レゾリュートResoluteを歩いていてもそんなに目につかなかったが（レゾリュートのホテル・オーナーのアジジのところにいた白いシェパードぐらい）、この町は愛玩犬であふれている。きまじめポールの家にいるのも愛玩犬だ。外にも愛玩犬がいる。私がスーパーの裏手を歩いていると、ポメラニアンのような犬が私に吠えかかってくる。無視して歩きつづけたが、一〇〇メートル、二〇〇メートルとひたすらうしろを、吠えながらついてくる。あんまりうるさいので足に力を入れ、脅かしてやると尻尾を丸めて退散する。そして、また歩きだすとひたすら吠えながらあとをついてくる。このように弱いくせに吠えかかってくるような、犬橇《ぞり》をひけない愛玩犬がレゾリュートに比べ増えた。実際、私も犬を飼っているし、わるいこととは思わない。ただ、動物を〝労働用（家畜）〟として飼うのではなく、〝ペット〟として飼うのは、文明国の証である。極論を吐けば、文明病である。昔のイヌイットたちは犬を〝ペット〟として飼うなんて発想はなかっただろう。彼らの生活が文明化した証でもある。北にいくほど強い犬がいるとは思えないが、環境からいっても、弱い犬は生きのこれない。比率的には強い犬が多いはずだ。そして、南にいくほど、ペット化した弱い犬が増える。そして、南極までいくと、外からつれてこられるという条件つきだが、また強い犬が増える。ここでくだらないことを考える。日本はあらゆる犬がいる平均的なところ。強い犬もいれば、弱い犬もいる。北と南には強い犬しかいない。ところが、文明病が北の果てまでどんどん広がって、弱い犬がイカルイトまでくるようになった。（『ヌナブト』より）

薬《ドラッグ》

注26　**カブルーナ**　白人のこと。kabloonaと書く。カルナークqallunaaq、あるいは、カルナートqallunaatと呼ばれる場合もある。

注27　**イカルイト**　ヌナブト準州誕生まえは、フロビッシャー・ベイFrobisher Bay。この地名は、政府の公式地図にも描かれていた。このことで、外の世界にもこの地名が知られるようになる。この地名は、北西航路を抜けて東洋に向かう途中、一五七六年にここを《発見》したイギリスの航海家マーチン・フロビッシャーMartin Frobisherにちなんでつけられた。フロビッシャーはおもに湾口のコドルナーン島Kodlunarn Islandの鉱石をとるためにここを三度訪れている。フロビッシャーは島に金があると信じていた。その間、現地のイヌイットとの小競りあいも何度かあったようである。イヌイットがフロビッシャーの側から五人の男を人質にとったこともあった。その後五人は消息を絶ったという。また、フロビッシャーが四人のイヌイットをつかまえて、おそらく王族や民衆に見せるためにイギリスに連れて帰ったという話もある。イヌイットたちはこの未知の地で長く生きることはできなかった。ほかのイヌイットとの衝突で、フロビッシャーは尻をヤリで刺されたこともあった。定かではないものの、彼はそれ以降イヌイットに攻撃を受けた最初のイギリス人としても知られるようになる。そして、彼が大切にイギリスへ持ち帰ったといわれる鉱石はというと、実はまがい物であったことがのちに判明した。かくしてフロビッシャーの金を求めた北極圏探索は終わったのである。（キャロル・リグビー）

岩場の陰

注28　シクシク　シクシクsiksikは、西部キティクミウト地方ではヒクヒクhikhikと発音される（アン・ミーキトゥク・ハンソン）。ほかの小動物としては、キツネ、イタチ、レミング、ウサギなどが、北極圏には生息している。これらの小動物は、ヌナブト全土にわたって比較的多く生息し、ほとんどのコミュニティーで見ることができる。レッドフォックスは、段階をおって、毛皮が銀、黒、茶、赤とさまざまな色に変化していく。平均して、四〜八匹の子どもを産む。ホッキョクキツネ(ティリガニアクtiriganiaq)は、冬のあいだは白く、夏になると大部分がこげ茶色にかわる。ホッキョクキツネはレッドフォックスとおなじく、レミングの数がとても多いときに、出産率がぐんとあがる。（マリアンとマイク・ファーガソン）　こうした北極圏の小動物のなかで、シクシクは人が住んでいる場所のちかくに生息し、一番、目につく小動物である。ヌナブト準州最大の都会、準州州都イカルイトの町はずれですら、しばしば、その姿を見かける。

■本書の表記について■

本文中の会話のアルファベット表記は横書きとし、地名、人名等は原則として縦書きとした。

注における日本語とアルファベットの併記については、各注ごとの初出のみとした。

注の表記、用語などの文章表現は引用文がおおいため、本文とは統一されていない。

解説

岩崎・グッドマン　まさみ

この作品にはカナダ極北地域の若者の生活を知るための情報源としての希少価値がある。日本においてカナダ極北地域のイヌイット文化を専門とする研究者の数は少ない。その中でも研究対象をイヌイットの若者まで踏み込んだ研究は皆無である。日本のイヌイット研究者が未だ踏み込んでいない未知の世界を、二十一歳（初稿執筆時）の礒貝君は同世代のイヌイットとの自然な関わりを、日本に始まり、カナダ極北へ至り、そして空港での別れという流れの中で、気負うことなく、爽やかな若者の感覚で書き上げている。そのテーマは酒、恋愛、薬《ドラッグ》などと広がり、世界のどこにでもいる若者の一般的な問題から入り、ずっしり重くなることなく、しかし現実から目を反らさずに正面から捉えている。「あとがき」のイヌイットの友人たちのその後の人生の記述の中で、礒貝君は現在のイヌイット社会が抱える象徴的な問題である若者の自殺についても触れている。イヌイットの若者と日本の同世代の若者とのやり取りを通して、さもなければ社会問題として誇張され深刻に描かれる傾向にある現代イヌイット社会の問題を、若い人々の目線で理解することが出来る書物として他に類を見ない。その意味で礒貝君の前著である『ヌナブト　イヌイットの国その日その日　テーマ探しの旅』と同様に、この作品がイヌイット研究の入門書として広く読まれることを期待する。

「蒼いお尻のぼくときみ。」というタイトルにも現れているように、本稿は学生である礒貝君の若々しさが文章に活かされ、テレビの連続ドラマを見る気軽さで読み進めることが出来る。しかし礒貝君はこの作品の随所に、イヌイットの人々の狩猟民族としての自然観および動物観をキラキラと輝く宝石の如くにちりばめている。イヌイットの友人や礒貝君自身が美味しそうにベルーガやカリブーなどの野生動物の肉を食べるシーンや、「タマちゃん」の話しから始まるアザラシ猟やその他の狩猟・漁労のシーン、またペットの犬がよその犬にかみ殺されてしまう事件など、この作品の中には、現代の都会生活者が忘れてしまい、それ故に批判的になりがちな自然と人間の本来の関係を、再び思い起こさせてくれ、それをごく普通のこととして受け入れることが出来る魔法があちらこちらに仕掛けられている。この作品を読み終える頃には、イヌイットの人々にとって、今もなおハンティングを続けていくことは、急速に変化するカナダ社会において独自の文化を持った民族集団としての誇りを持って生きるための重要な基盤であることが分かってくる。しかもこの本を読む読者が自然保護運動によって作り上げられた狩猟民族のロマンティックなイメージではなく、生活者としての狩猟民族の自然や動物との関わりを知ることの出来る数少ない書物である。

最後にこの作品の最初から最後まで流れている「マイノリティー」の悲鳴は、礒貝君が最も描きたかった主題ではないだろうか。それを全面に出さずに、しかし礒貝君はそのヒューマニスティックなアプローチの中に、社会的少数者の苦悩と痛みを十分に訴えている。

（北海学園大学人文学部教授）

清水弘文堂書房の本の注文方法

■電話注文03－3770－1922／046－804－2516■FAX注文046－875－8401■Eメール注文mail@shimizukobundo.com（いずれも送料300円注文主負担）■電話・FAX・Eメール以外で清水弘文堂書房の本をご注文いただく場合には、もよりの本屋さんにご注文いただくか、本の定価（消費税込み）に送料300円を足した金額を郵便為替（為替口座00260－3－59939　清水弘文堂書房）でお振り込みくだされば、確認後、一週間以内に郵送にてお送りいたします（郵便為替でご注文いただく場合には、振り込み用紙に本の題名必記）。

蒼いお尻のぼくときみ。
カナダ極北のイヌイット　内なる心の旅

発行　二〇〇七年十月三十一日
著者　礒貝日月
発行者　礒貝日月
発行所　株式会社清水弘文堂書房
住所　《プチ・サロン》東京都目黒区大橋一－三－七－二〇七
電話番号　《受注専用》〇三－三七七〇－一九二二
FAX　《受注専用》〇三－三七七〇－一九二三
Eメール　mail@shimizukobundo.com
HP　http://shimizukobundo.com/
編集室　清水弘文堂書房葉山編集室
住所　神奈川県三浦郡葉山町堀内八七〇－一〇
電話番号　〇四六－八〇四－二五一六
FAX　〇四六－八七五－八四〇一
印刷所　モリモト印刷株式会社

Copyright©2007　Hizuki Isogai　ISBN978-4-87950-584-2　C0095